심플하지만 화려하게 해주세요

지은이 박창선

회사 소개서 만드는 디자인 회사, 애프터모멘트의 대표. '대충 말해도 제대로 알아주는 디자인 회사'라는 모토로 잘 읽히는 텍스트와 직관적인 디자인을 만들고 있다. 판매직, 영업직, 콜센터, 현장직에서 20대를 보내며 사람 사이에서 대화하는 법을 몸으로 깨친 뒤 비전공으로 느지막이 시작한 디자인에 이러한 경험을 녹여내기 시작했다. 2020년 5월 기준 구독자 1만 8000명, 누적 420만 뷰의 브런치 작가다. '직장인들의 넵병' '클라이언트 용어 정리' '판교 사투리' 등 유쾌한 공감을 일으키는 글로 사랑받으며 제5회 브런치북 금상, 제7회 브런치북 대상을 수상했다. 저서로 《기분 벗고 주무시죠》 《팔리는 나를 만들어 팝니다》가 있다.

심플하지만 화려하게 해주세요

2020년 5월 14일 개정판 1쇄 인쇄
2020년 5월 21일 개정판 1쇄 발행

지은이 박창선 | 펴낸곳 부키(주) | 펴낸이 박윤우
등록일 2012년 9월 27일 | 등록번호 제312-2012-000045호
주소 03785 서울 서대문구 신촌로3길 15 산성빌딩 6층
전화 02) 325-0846 | 팩스 02) 3141-4066 | 홈페이지 www.bookie.co.kr
이메일 webmaster@bookie.co.kr | 제작대행 올인피앤비 bobys1@nate.com
ISBN 978-89-6051-788-2 03320

책값은 뒤표지에 있습니다. 잘못된 책은 구입하신 서점에서 바꿔 드립니다.

이 도서의 국립중앙도서관 출판예정도서목록(CIP)은 서지정보유통지원시스템 홈페이지(http://seoji.nl.go.kr)와 국가자료공동목록시스템(http://www.nl.go.kr/kolisnet)에서 이용하실 수 있습니다.(CIP제어번호: CIP2020017671)

심플하지만 _____ 화려하게 해주세요

원하는 디자인을
뽑아내는 30가지
의사소통의 기술

박창선 지음

부·키

prologue
부드럽지만 단호하게 해주세요

《디자이너 사용설명서》가《심플하지만 화려하게 해주세요》로 새롭게 태어났어요. 이전의 내용을 다듬고, 몇 개의 챕터를 더하고 덜었습니다. 이번에는 클라이언트를 위한 책입니다. 돈 쓰면서 열 받고 피곤한 일들을 줄이기 위한 책이죠. 모든 일이 힘들지만 디자인은 특히나 다른 의미로 난이도가 높습니다. 충돌하는 욕망들을 조율하고 떠오르는 생각들을 진정시켜야 해요. 무의식과의 전쟁이죠. 왠지 나도 할 수 있을 것 같은 느낌과 어디선가 보았던 수많은 정보가 본질을 흐립니다. 디자인은 그 자체가 힘들다기보다는, 우리를 홀리는 수많은 마법의 연기가 도사리고 있는 영역입니다. 자칫하면 허상과 느낌만 좇다가 허우적댈 수도 있죠.

이 글을 쓰고 있는 저는 6년 차 디자이너입니다. 서른 살에 디자인을 독학으로 시작했고, 지금은 1인 기업인 애프터모멘트를

prologue

운영하고 있습니다. 브랜드 디자인을 하다가 지금은 회사 소개서 제작만을 하고 있답니다. 처음엔 클라이언트 회사에 직접 컴퓨터를 들고 들어갔어요. 프로젝트를 진행하는 두세 달 내내 출퇴근을 하며 살았죠. 그게 의사 결정도 빠르고, 내부 직원들의 문화도 느낄 수 있고, 바깥으로 잘 드러나지 않는 문제점들을 확인할 수 있었거든요. 하지만 장점만큼 단점도 있었습니다. 일단 제가 너무 힘들었고요. 호구가 되곤 했어요. 돈 달라고 말도 못해서 머뭇머뭇하다가 이불만 발로 차던 시절도 있었습니다.

이후엔 카톡이나 슬랙으로 커뮤니케이션하면서 빠르게 피드백을 받고 시안을 넘기는 방식으로 일했어요. 이때는 클라이언트와 미팅을 자주 했는데 약간 누가 먼저 지치나 한번 대결해보자는 심정도 있었답니다. 왜 프로젝트 하는 동안 이런 경우 있잖아요. 금요일 오후에 자료 넘겨주면서 월요일까지 시안 보여 달라고 말해야 할 때. 그럴 때 디자이너는 이런 생각이 들죠. '내 주말은 없는 거야…? 그게 왜 당연한 거지?' 저는 그때 거절하기보다 기 싸움을 하곤 했어요. 나도 주말 내내 밤 새워 일할 테니 클라이언트 너희도 쉴 생각 하지 말라는 식으로 말이죠. 그래서 새벽이고 아침이고 주말 휴일 상관없이 계속 피드백을 요청하기도 하고 오히려 클라이언트를 몰아붙이던 시기도 있었어요. '내가 이렇게 빡세게 일하는데 너희가 놀면 안 되지. 급하게 요청한 게 누군데 잘 거 다 자고 쉴 거 다 쉬면서 손 떼려고 해?'라는 독기가 가득 올라 있었달까요. 이 시절엔 아예 미팅 단계에서 주말, 저녁, 새벽에 상관없이 제가 보내면 바로바로 피드백 해주셔야 한다고 선포를 하기도 했어요. 생각해보니 진상이네요, 아주.

조금 시간이 흘러서는 한결 부드러워졌어요. 《디자이너 사용설명서》를 쓰던 시기와 맞물려요. 그땐 조금 '그럴 수도 있다'라는 황희 정승 마인드가 생겼고, 클라이언트의 말과 욕망을 순순히 이해할 수 있었어요. 굳이 싸울 필요 없는 건 그냥 받아들이고, 조금 부당해도 해줄 수 있으면 해주는 방향으로 가기도 했죠.

그리고 이 책을 쓰는 지금은 부드럽지만 조금 더 단호해진 것 같아요. 클라이언트와 함께 다음과 같은 규칙을 세웠거든요.

'피드백은 모두 듣지만 반영은 내 맘이다.'

'업무 시간 외 연락 금지.'

'메일이나 카톡에 용건 외 언어 생략.'

이렇게 말이에요. 내 생활도 지키고 업무 효율성도 높이고 결과도 잘 내고 싶었던 것이죠. 클라이언트의 생활도 당연히 지켜져야 하고요. 돈 썼으니 결과도 잘 나오셔야 할 거고. 얼핏 보면 되게 '뭐야 이 사람?' 할 것도 같은데 클라이언트들도 선뜻 좋아해주더라고요. 본인도 믿고 맡기는 게 더 편하고, 생활도 지켜지니 행복하고, 굳이 온갖 웃음 이모티콘 쓸 필요 없으니 감정 쓸 일도 많지 않아요. 일을 제외한 나머지를 지우고 나니 서로가 매우 행복해졌어요. 그렇다고 해서 딱딱하고 차가운 관계가 되느냐 하면, 그것도 아니에요. 결국 결과물 잘 나오고 서로 깔끔하게 일 마무리되면, 선물 사 들고 사무실 놀러 가고 프로젝트 끝나고 밥 먹고 술 먹고…. 오히려 더 돈독해지는 느낌도 있답니다.

물론 6년 내내 계속 스타일이 변해왔듯, 이 책을 쓰고 난 이후의 저도 계속 변해갈 거예요. 나이와 연차, 클라이언트에 따라 또 다른 적응 방식을 택하겠죠. 이 책은 딱 6년간의 제 경험을 녹여낸 책입니다. 저도 여러분이 의뢰를 만들어 전달하고, 디자이너를 찾고, 기획을 하고, 방향성을 잡을 때 도움이 될 거예요. 일단 돈 낭비를 줄일 수 있을 거고요. 감정을 소모하고 디자이너와 '티키타카'하느라 보내는 시간을 아낄 수도 있을 거예요. 사실 이 두 가지만으로도 이 책의 가치는 온전하다고 생각해요. 깔끔한 커뮤니케이션으로 효율이 높아지면 남은 시간에 좀 더 많은 고민과 수정을 할 수 있고, 제대로 된 '엣지'가 눈에 보이기 시작해요. 좀 더 객관적인 시선에서 디자인물을 바라볼 수 있죠.

어쩌면 클라이언트로서 생각지도 못했던 고퀄리티의 브랜드 디자인이 만들어질지도 모를 일입니다. 내 욕망이 가득 묻어있는 그런 디자인 말고, 정말 우리 회사의 아이덴티티가 잘 드러난 좋은 디자인 말이에요.

이 책은 술자리에서 조곤조곤 가볍게 얘기하듯 쓰려고 노력했어요. 꼭 차례대로 정독하기보다는 필요한 부분부터 골라 보셔도 좋습니다. 여러분이 놓인 상황에 마법 힌트 같은 역할을 할 수 있다면 좋겠네요.

2020년 5월

박창선

목차

prologue 부드럽지만 단호하게 해주세요   4

1. 겁내지 말고 일합시다

빨리 하든지 잘 하든지: 속도와 깊이에 대하여	15
멋지긴 한데 못 알아듣겠어: 디자인 용어 살짝 엿보기	23
제가 디자인 감각이 좀 있는데요: 감각이 실무에 쓰이려면	31
당신 디자인, 내 스타일이야: 취향을 좁혀보자	38
그렇게 물어보면 도와줄 수가 없어: 디자인 의뢰의 기술	52
시안은 언제쯤 나와요?: 디테일한 업무 프로세스	59
열정보다 중요한 게 있습니다: 디자이너 채용의 비밀	69
웹디자인도 하시는 줄 알았는데: 디자인의 종류와 영역	75
오늘도 밤을 찢는다: 디자이너가 야근하는 이유	81
쟤랑 일할 땐 왜 힘들까: 디자이너를 둘러싼 사람들	91

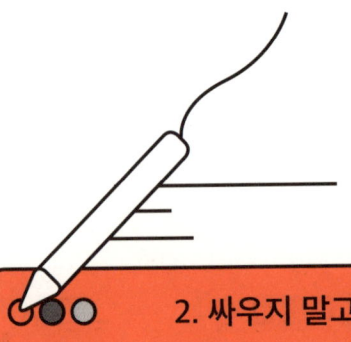

2. 싸우지 말고 일합시다

대표님이 화려한 걸 좋아하세요: 누굴 위한 디자인인가	103
우주적이고 유쾌한 사각형이라니: 정확한 디렉션에 대하여	110
심플하지만 화려하게 해주세요: 내 욕망 나도 몰라	117
위에서 컨펌이 안 나는데 어떡해: 일정이 자꾸 늦어진다면	124
디자인은 재활용이 어렵습니다: 목적과 용도를 정확히	130
집에서 일하면 안 되나요?: 재택근무 디자이너와 일할 때	137
말 한마디 없는데 믿음이 가: 스타일이 다른 디자이너	145
보챈다고 쌀이 밥이 되나요: '대충, 빨리, 잘' 하는 법	152
대표님 옆에서 살살 웃는 쟤가 싫어: 귀에만 달콤한 디자인	158
기왕 한다면 하얗게 불태워보자: 디자인 회의의 정석	164

3. 다치지 말고 일합시다

솔직히 말해서 맘에 안 들어: 피드백은 죄송할 일이 아니다 … 175

이사님 또 출장 가셨어요?: 보고만 하다 끝나는 프로젝트 … 181

내 말은 그게 아니었는데: 의견을 빙빙 돌리지 말라 … 188

우리 그냥 용건만 말하죠: 메일과 전화 사용법 … 196

오른쪽으로, 왼쪽으로, 아니 좀 더: 마이크로 매니징의 폐해 … 200

그래서 얼마면 될까요?: 디자인 비용을 산정해보자 … 207

월급이 3일 늦어도 괜찮아요?: 비용 정산의 매너 … 215

화내자니 치사하고 참자니 화나: 미묘하게 불쾌한 상황들 … 221

어제는 오타가 없었는데: 디자인 최종 점검 사항 … 227

돈 주면서 맘까지 다치지 않으려면: '나'를 위한 커뮤니케이션 … 233

빨리 하든지 잘 하든지
: 속도와 깊이에 대하여

"이게 400만 원짜리 회사 소개서예요?"

저는 눈앞에 펼쳐진 랩톱 화면의 혼란한 PDF 파일을 보고 재차 물었습니다. 클라이언트의 마음속 저 깊은 곳에선 뭔가 울컥했을 것입니다. 그의 말을 들어보니, 어느 업체에 거금을 들여 회사 소개서를 의뢰했는데 일반인이 보기에도 너무나 꼬질꼬질한 시안이 등장한 것이죠. 당연히 그 대표님은 회사 소개서를 다시 만들고 싶었습니다. 하지만 사람 맘이 그렇잖습니까. 자라 보고 놀란 가슴 뭐 보고도 놀란다고, 섣불리 다른 곳에 맡기지도 못하고 회사 직원에게 그냥 우리끼리 만들자고 한 모양입니다.

왜 디자인 업무 책을 클라이언트 들으라고 쓰는 건지 간략하게 설명하고 넘어가려 합니다. 세 가지 관점을 생각해보겠습니다. 우선 우린 좋은 디자인을 만들고 싶습니다. 그리고 감정싸움을 하고 싶지 않습니다. 일을 하려고 만난 거잖아요. 괜한 싸움과 갈등, 신경전에 힘을 빼는 것은 피곤한 일입니다. 마지막으로 돈 낭비를 하고 싶지 않습니다. 안 만들어도 될 디자인, 100부만 있어도 되는데 굳이 5000부씩 인쇄하는 물량, 괜한 수정 비용, 쓸데없는 시간과 인력 등으로 회사의 리소스가 비효율적으로 줄줄 새는 것을 원치 않습니다. 여러분의 소중한 비용과 시간, 감정과 노력을 아껴보도록 하겠습니다.

저는 디자인 업무를 직접 하면서 한편으로는 일을 의뢰하는 클라이언트이기도 합니다. 파트너 디자이너와 몇 번 작업한 적이 있습니다. 제게는 무척 귀한 인연이죠. 그 인재를 찾기까지 얼마나 눈물 흘리며 수많은 디자이너와 아옹다옹했는지 돌이켜보면 눈가가 촉촉해집니다. 내 마음을 알아주고 멋진 결과물을 함께 제작할 디자이너를 찾기란 상상 이상으로 힘든 일입니다. 우리는 '우리 일을 이해하는, 손발이 맞는 디자이너'를 찾고 싶어 합니다.

그런 디자이너를 만나려면 세 가지 조건이 필요합니다. 첫째는 발품입니다. 흔히들 '운'이라는 무책임한 단어로 얼버무리는데 발품은 운이 아닙니다. 마음에 드는 디자이너를 만나려면 그들이 즐겨 가는 사이트, 페이스북 페이지, 그룹, 커뮤니티 등을 찾아내고 접촉해야 합니다. 만나고 설득하고 포트폴리오를 주고받는 등 시간과 노력을 들여야 하죠. 그리고 무엇보다 적절한 질문으로 우리 비즈니스에 필요한 역량을 간파할 수 있어야 합니다. 발품은 운이 아니라 실력입니다.

둘째는 안목입니다. 디자이너의 포트폴리오를 살필 때 단순히 '멋지다' '잘했다'는 정도로 평가해서는 안 되겠죠. 우리 회사 콘셉트에 어울리는 디자인을 구사할 수 있는지 판단해야 합니다. 포트폴리오에 어렵고 복잡한 3D 모델링을 멋들어지게 했다고 해서 PPT 디자인까지 잘하라는 법은 없죠. 현재 우리에게 필요한 역량이 있는지 먼저 확인하고, 업무 스타일은 잘 맞는지, 브랜드의 이해도는 충분한지 종합적으로 평가해야 합니다.

마지막은 오더입니다. 이 얘기는 앞으로도 자주 할 것 같습니다.

'오더.'

좋은 질문에 좋은 대답이 나오듯 요청에도 엄연히 퀄리티가 있습니다. 물론 클라이언트가 디자인 용어를 알아야 하거나 디자인을 공부해야 하는 것은 전혀 아닙니다. 디자이너의 입장을 일일이 이해하거나 디자이너에게 사정할 필요도 없습니다. 그러나 요청 사항을 정확하게 제시할 줄은 알아야 하죠.

모든 비즈니스는 디자인으로 통한다

사업체에는 디자인 관련 업무가 생각보다 많습니다. 회사를 설립하고 운영하려면 사업 제안서, 회사 소개서, 로고, 브랜드 가이드, 명함, 브로슈어 등 다양한 디자인 자료가 필수적이니까요. 그러나 어찌된 일인지 위와 같은 디자인 자료들을 온전히 갖춘 회사는 의외로 많지 않습니다. 일하고 돈 벌고 직원 뽑고 투자받으러 다니고 영업 뛰느라 정신이 없습니다. 그때그때 대강 만든 제안서만 수많은 버전으로 널브러져 있고 제대로 된 회사 소개서 하나 없는 채로 2~3년이 흘러가기 쉽죠. 물론 그런 자료들이 없다고 해서 회사에 엄청난 타격을 주는 것은 아닙니다. 하지만 어떤 식으로든 필요한 때가 오기 마련입니다. 투자를 준비할 수도 있고 행사에 참여하거나 여러분의 클라이언트가 해당 자료들을 요청할 수도 있습니다. 눈에 보이지 않는 것에 대해 사람들은 쉽사리 지갑을 열지 않습니다. 여러분은 콘텐츠, 서비스, 제품 등에 다양한 방법으로 여러분의 철학을 가시화시켜야 합니다. 디자인은 비즈니스의 시작이고 메인이며 마지막이기도 합니다.

이왕 하는 거 편하게 일하자

돈과 시간과 노력을 들여 하는 일인데 잘못된 커뮤니케이션과

꼬여버린 업무로 서로 힘든 시간만 보내다가 불만족스러운 결과물을 받게 된다고 생각해볼게요. 외주를 담당한 디자이너도 딱히 성과는 없겠지만 어쨌든 그는 돈을 받을 것입니다. 그러나 여러분은 어떻죠? 책임 여하를 떠나서 결국 피해는 고스란히 클라이언트에게 돌아갑니다. 그 심란한 회사 소개서 500여 부를 어떻게 하실 건가요. 어디에 뿌리기도 민망해서 회사 창고에 쌓아놓기만 할 겁니다. 비싼 돈 주고 만든 소개서를 가끔 무슨 받침대 정도로 쓴다고 상상해보세요. 깊고 묵직한 슬픔에 젖지 않을 수 없죠. 그래서 우선 '돈 아깝지 않게' '서로 편하게' 일하자는 두 가지 목적을 가지고 이야기를 해보려고 합니다.

첫 번째로 '퀄리티냐 속도냐' 하는 점부터 짚어보겠습니다. 물론 둘 다 충족하는 디자이너를 원하겠지만 그런 사람은 아직 태어나지 않았거나 앞으로도 태어나기 힘들 예정입니다. 현재 우리가 해결해야 할 디자인 이슈만 먼저 생각해봅시다.

- 제안서를 만들어야 한다.
- 이번 제안서는 급한 입찰 건이다.
- 4일 남았는데 PPT 60장을 만들어야 한다.
- 디자인이 중요한가, 콘텐츠가 중요한가?

이 경우엔 당연히 콘텐츠겠죠. 디자인은 도형과 도표로만 깔끔하게 구성해서 빼도록 해야겠습니다. 그렇다면 화려한 아트워크나 모델링이 가능한 디자이너보다는 손이 빠르고 내용을 신속하게 이해하는 디자이너를 찾는 것이 먼저입니다. 제때에 맞추는 제작 속도가 중요한 상황이기 때문이죠. 예를 들어 의학진단키트를 제작하는 회사라면 이러한 영역에 대해 이미 작업을 해보았거나 적어도 이해할 수 있는 디자이너가 필요합니다. 그리고 데드라인부터 먼저 얘기하고 견적을 잡아봅니다. 다른 일보다 여러분의 일을 먼저 해달라고 부탁해야 할 가능성이 높으므로 프리오리티 인센티브(Priority Incentive)를 지불할 수도 있습니다. 프리오리티 인센티브란 피치 못할 사정으로 업무 우선순위를 우리가 가져가려고 할 때 상대방에게 제공하는 추가 비용을 의미합니다. 급하게 결과물을 내일모레까지 만들어 달라고 하면 디자이너는 다른 업무를 모두 미뤄놓고 밤을 새울 수밖에 없을 것입니다. 이 부분에 대한 보상이라고 생각하시면 쉽겠네요. 이는 배려의 개념이라기보다는 협상 카드의 일환입니다. 시간이 없는 상황에서 진짜 원하는 디자이너가 나타났다면 본견적 이외에 이러한 부분을 제공해서라도 그를 잡아야겠죠.

- BI 로고를 만들어야 한다.
- TF로 임시 구성된 팀에서 2개월간 진행할 계획이다.
- 이번 BI는 제품 목업(Mock-Up)과 시제품 출시까지 진행한다.
- 브랜드 가이드와 로고 베리에이션 작업도 필요하다.

  이런 경우는 어떨까요. 빠르고 단순하게 만드는 것이 핵심이 아닙니다. 깊이 있는 기획과 고민, 치열한 디자인 작업이 필요하겠죠. 게다가 큰 비용이 들어가는 제품 개발에 대한 내용이라면 나중에 바꾸기도 쉽지 않습니다. 가이드와 온라인용 베리에이션까지 진행하려면 브랜드 디자인에 대한 이해와 기획력이 있는 디자이너가 필요할 것입니다. 퀄리티는 디자인 툴을 다루는 능력이나 고급스럽고 현란한 시안만을 의미하지 않습니다. 물론 고난도의 시안을 만들어내는 능력도 필요하지만, 비즈니스 관련 디자인에 필요한 퀄리티는 기획력을 뜻하는 경우가 훨씬 많습니다. 이런 경우엔 많은 미팅과 심도 있는 브랜드 워크숍 등을 포함한 기획 쪽에 시간과 에너지를 쏟아야 하므로 스케줄 조율과 추가 비용에 대한 부분을 고려해야 합니다.

  속도와 퀄리티 중 무엇이 더 중요한지 판단했다면 의뢰할 때도 해당 내용을 정확하게 집어줘야겠죠.

  "이번 프로젝트는 화려한 디자인 요소보다 속도감이 훨씬 중요합니다."

"이번 프로젝트는 시간과 비용을 충분히 들여 신중하게 디자인을 진행하려고 합니다."

보통 제가 의뢰받는 외부 노출용 콘텐츠, 이를테면 제안서, 브로슈어, 리플릿, 가이드, 온드 미디어(Owned Media) 콘텐츠 같은 경우는 대부분 '급하게' 요청이 들어오는 경우가 많습니다. 이때는 '깔끔하게만'이라는 수식어가 많이 붙습니다. 반면 연말연시에 들어오는 브랜드 리뉴얼이나 웹, 로고 작업 등은 꽤나 신중하게 진행하는 경우가 많고 그런 브랜드 프로젝트는 시간을 충분히 갖고 미팅과 회의를 수시로 하며 진행합니다. 이때는 '제대로'라는 수식어가 많이 붙는 편입니다.

디자이너에게 오더를 전달할 때는 반드시 위 사항을 구분하여 함께 전달하도록 합니다. 엉뚱한 사람과 미팅하다가 머리만 긁적이고 헤어질 위험이 많이 줄어들 것입니다.

멋지긴 한데 못 알아듣겠어
: 디자인 용어 살짝 엿보기

디자이너와 소통하던 중에 뭔가 멋지긴 한데 무슨 뜻인지 알아듣긴 어려운 단어들이 있지 않았나요? 어렴풋이는 알지만 제대로 설명하기 참 어려운 단어들 말입니다. 여러분이 그 단어들을 세세하게 공부할 필요는 없습니다. 우리가 병원이나 미용실에 갈 때 의사나 헤어디자이너가 쓰는 용어를 공부하고 가지 않는 것처럼 말이죠. 하지만 알아두면 분명 조금 더 명확히 설명하는 데 도움이 되는 용어가 몇 가지 있습니다.

실상 여러분도 업무를 할 때 나름의 언어를 사용합니다. 무역회사든 광고회사든 의료장비를 파는 회사든 분명 디자이너가 못 알아듣는 수많은 전문용어가 있을 거예요. 미팅을 할 때 중요한 건 이러한 용어를 서로의 눈높이와 맞추는 일입니다. 이 작업에 실패하면 커뮤니케이션에 문제가 생기죠. 같은 용어를 쓰면서도 서로 이해하는 뜻이 달라 두 번 세 번 작업해야 하는 경우가 있습니다. 디자인 업무에서 마주치게 되는 이런 단어들을 몇 개 알아보겠습니다.

레이아웃

레이아웃은 배치를 뜻합니다. 디자이너에게 글의 한 단락, 이미지, 제목, 그래프는 모두 별개의 요소입니다. 방에 놓인 가구들 같아 보이죠. 책상, 책장, 거울, 옷장, 침대와 같은 느낌입니다. 그들에겐 각각의 가구를 어디에 어떻게 놓느냐가 굉장히 중요합니다. 이때 고려하는 것은 내가 방을 돌아다닐 수 있는가, 즉 동선입니다. 디자인에선 '시선의 움직임'이죠. 눈을 어디에 먼저 두고 어디로 흘러가게 만들 것인지를 고민합니다. 그래서 여러분은 레이아웃에 대해 얘기할 때 '여유 있게' '한 방향으로 흘러가게' '하나에 집중되게' 등의 표현을 할 수 있습니다.

무게감

레이아웃이 백지 위에 놓인 전체 요소들의 균형을 얘기하는 것이라면 무게감은 요소 각각의 질량을 의미합니다. 상단에 위치한 제목이 너무 크거나 두꺼우면 나머지 요소들은 상대적으로 소외당합니다. 의도한 것이라면 성공이겠지만 중간에 위치한 그래프나 도표를 보여주고 싶은 경우라면 실패한 디자인이겠죠. 무게감에 대해 오더할 때는 '도표에 무게중심을 부여해주세요'라든지 '이 부분은 무게를 빼주세요' 등으로 표현할 수 있습니다.

컬러톤

디자이너들이 고려하는 컬러는 단순히 배경색이나 폰트의 색상만을 의미하지 않습니다. 내부에 들어간 이미지에도 컬러가 있잖아요. 전체적으로 봤을 때 하나의 컬러가 지배하고 있는지를 중요하게 봅니다. 컬러는 의미를 담고 있고 시선에 통일감을 부여합니다. 특정 단어에 컬러가 들어 있다면 '그곳을 봐라'라는 뜻이거든요. 하지만 배경색과 강조색이 다르면 혼자 튀거나 다른 이미지와 섞이지 못해서 가독성을 해치기도 합니다. 컬러톤을 맞추기 위해선 이미지, 폰트, 배경의 색이 모두 일관적으로 흘러가야 합니다. 그래서 컬러톤에 대해 오더를 줄 때 '저희 브랜드색 중 메인 컬러를 중심으로 톤을 만들어주세요'라는 식으로 말합니다. 아니면 '드린 8가지 색 중에 1, 3, 5번 색만 활용해주세요' 등으로 표현합니다.

정렬

흔히 우리가 생각하는 정렬은 선 맞추기입니다. 디자인에서도 딱히 다른 뜻은 없습니다만 그냥 정렬을 맞춰달라고 하면 어디에 어떻게 맞추라는 건지 파악하기 어렵습니다. 정렬선은 세 가지 종류가 있습니다. 상하좌우 여백을 만드는 외곽선, 가로세로 십자 모양으로 중심을 만드는 중앙선, 그리고 각 요소끼리 맞추는 내부정렬선. 이 셋 중에 어느 부분을 정리해달라는 건지 정확히 얘기해준다면 더욱 좋습니다.

균형

참 모호한 단어입니다. 쉽게 생각하면 균형은 나무토막 쌓기입니다. 각각의 요소는 토막이고 이것들이 쌓였을 때 무너지지 않고 잘 자리를 잡으면 균형이 있는 것이죠. 균형에도 세 가지 의미가 있습니다. 중앙선을 기준으로 좌우에 적절한 무게감이 분배되어 있는 좌우균형, 가로 중앙선을 기준으로 상하에 적절한 무게감이 분배되어 있는 상하균형, 각 모서리에 적절한 무게감이 분배되어 있는 점균형입니다. 공간은 가로, 세로, 점, 대각선 등으로 쪼개지기 마련인데 나뉜 공간에 어색하지 않게 요소들이 들어가 있는지가 중요하죠. 이땐 '상하, 좌우, 각 모서리, 대각선 좌우로 균형을 잘 맞춰주세요'라거나 '위쪽이 조금 불안정해 보여요. 무게를 조금 덜어주세요' 등의 표현을 쓸 수 있습니다.

여백

디자이너의 마음을 편안하게 만들어주는 베스트 프렌드입니다. 여백이 없으면 디자이너는 불안해집니다. 물론 너무 많아도 당황스럽긴 하지만요. 여백의 사전적 정의는 '남은 공간'이지만 디자인 작업에서는 여백도 디자인 요소 중 하나입니다. 시선을 잠시 쉬어가게 하고 요소와 요소를 분리해주는 중앙분리대 같은 역할이죠. 도로에서 차를 중앙선에 딱 붙이고 운전하지는 않죠? 마주 오는 차량과 스릴 있는 하이파이브를 하면 안 되니까요. 마찬가지로 요소도 여백 없이 딱 붙여놓지 않습니다. 시각적으로 부딪히거든요. 이때 여백의 종류는 세 가지가 있습니다. 상하좌우 여백, 요소와 요소 사이의 여백, 집중을 만드는 큰 여백입니다. 디자인을 할 때 백지에 요소를 집어넣는 것만이 능사가 아닙니다. 여백의 크기까지도 설계해야 하기 때문에 사실 디자인된 페이지는 어느 곳 하나 이유가 없는 곳이 없습니다. 따라서 하나의 여백을 바꾸면 나머지 영역이 모두 틀어지게 되죠. 예를 들어 단락과 단락 사이의 여백이 50이라고 해보겠습니다. 35까지는 줄여도 별 문제가 없을 수 있습니다. 그런데 35 미만으로 떨어지면 그때부터 위 단락과 아래 단락을 시각적으로 구별하기가 어려워집니다. 여백을 줄여야 한다면 디자이너에게 '지금 요소들의 구분을 해치지 않는 선에서 여백을 조금만 줄일 수 있을까요?'라는 식으로 한번 물어보도록 합시다. 만약 거의 모든 요소가 한계점에 가깝다면, 다시 말해 아주 많은 내용이 빼곡히 들어차 있는 상태라면 무언가 하나의 콘텐츠를 지워야 할 것입니다.

그리드

그리드는 모눈종이입니다. 가로세로 일정한 비율로 백지를 쪼개놓은 것이죠. 이 그리드 기준에 맞춰서 레이아웃이 잡힙니다. 인테리어를 할 때 밀리미터를 기준으로 쪼개듯 백지도 5픽셀이나 10픽셀 등 일정한 기준에 의한 가상의 선이 존재합니다. 이는 디자이너가 알아서 설정하는 경우가 많으므로 용어만 알아두면 좋을 듯합니다. 가끔 '그리드 좀 맞춰주세요'라고 말하는 경우가 있는데 틀린 표현입니다. 그리드는 그냥 일정한 비율로 공간을 쪼개는 것이고 맞춘다는 표현은 레이아웃에만 사용합니다.

우선순위

우선순위는 무게감에 따라 달라집니다. 하이어라키(hierarchy)라는 이름으로도 불립니다. 위계를 만들죠. 가장 중요한 녀석에게 많은 무게감을 부여하고 나머지는 가볍게 만들어줍니다. 클라이언트 입장에선 모든 콘텐츠가 소중하겠지만 마음을 다잡고 우선순위를 설정하셔야 합니다. 이 작업이 안 되면 모든 요소에 힘이 가득 들어간 긴장된 시안이 등장할 겁니다. 그런 시안은 너무 힘이 가득해서 매우 부담스럽고 유연성도 없어 보이는 데다 사람의 마음을 움직이지도 못합니다. 소개팅에 나왔는데 하루 종일 얼어 있는 상대방을 보는 기분이죠.

느낌

느낌이란 단어는 되도록 쓰지 않도록 합시다. 디렉션은 가급적 행위로 표현합니다. '정열적인 느낌' 말고 '붉은색이 좀 더 강조된'이라고 말해보도록 합시다.

가독성

가독성은 잘 읽히는 정도를 뜻합니다. 자간이나 행간, 폰트에 의해 결정되지만 배경이나 주변 이미지 등의 영향을 받기도 합니다. 작다고 해서 안 읽히지 않습니다. 무조건 크게 만드는 게 답은 아닙니다. 작은 폰트라도 시선이 흐르는 길목에 있다면 충분히 읽을 수 있습니다. 그 부분만 읽었을 때 불편함 없이 잘 읽히는지가 중요하죠.

가시성

가시성은 잘 보이는 정도를 뜻합니다. 무작정 자꾸 폰트를 키우려는 클라이언트들은 가시성과 가독성을 헷갈리는 경우입니다. 잘 보이는 것과 잘 읽히는 것은 다릅니다. 생각해보면 종이책에 쓰이는 폰트는 10~11포인트 정도입니다. 꼭 플래카드에 적힌 것처럼 큰 글씨여야만 책을 읽을 수 있는 것은 아니잖아요? 똑같은 원리입니다. 가시성은 눈에 먼저 들어오는지뿐만 아니라 '구별이 가능한지'에 포인트를 둡니다. A를 보고 B를 봤을 때 A와 B가 독립적으로 이해가 되는지가 중요합니다. 너무 커서 서로 겹치거나 딱 붙어 있으면 오히려 의미 전달을 해치게 되죠. 따라서 디자이너에게 전달할 땐 가독성이 중요한지 가시성이 중요한지 구별해서 오더를 해보도록 합시다.

제가 디자인 감각이 좀 있는데요
: 감각이 실무에 쓰이려면

"제가 디자인 감각이 좀 있는데요."

이런 말을 하는 분들이 생각보다 꽤나 많습니다. 기 싸움에서 승리하고 싶은 일종의 전략성 멘트인지 아니면 정말 자신이 디자인 감각이 있다고 생각하는지 모르겠으나, 실제로 이런 훈수 저런 훈수를 두시면서 직접 레퍼런스를 찾아 오시기도 합니다. 다양한 노력을 통해 본인의 디자인 감각을 어필하시곤 하죠. 물론 그중 실제로 디자이너를 뛰어넘는 눈을 지니신 분들도 있습니다. 디자인의 중요성과 파급력에 대해 깊이 동감하며 열변을 토하시는 분도 계셨습니다.

디자인에 대한 관심이 높아지고 모두가 디자이너가 되는 세상을 기준으로 보았을 땐 매우 반갑고 뿌듯한 일이 아닐 수 없습니다. 그러나 소위 '디자인 감각'에 대해서 경험상 조금 냉정하게 생각하면 그것이 실무에 얼마나 쓸모 있는가에 대해서는 의문이 듭니다. 단도직입적으로 이 디자인 감각이란 게 유효하기 위해선 두 사람이 같은 대상을 같은 이해도를 지니고 관찰할 수 있어야 합니다. 그런 측면에서 클라이언트의 디자인 감각과 디자이너의 디자인 감각의 결이 동일하다면 정말 최상의 결과를 낼 수 있겠죠. 예를 들어 클라이언트가 말합니다.

"그, 있잖아요. 이렇게 파란색이 이렇게 된 거."

그러자 디자이너가 받아치죠.

"아! 살짝 그러데이션 들어가는 그거 말씀하시는 거죠?"

이런 식으로 '이거, 그거, 저거' 대명사가 가득하지만 서로 주거니 받거니가 잘된다면 최고의 소통이겠죠. 작업 속도도 빠르고 수정 분량도 많지 않을 것입니다. 그런데 이런 경우는 흔하지 않습니다. 거의 본 적이 없어요. 대부분 한쪽은 이유를 잘 설명하지 못하는 디자인 감각을 지니고 있고, 다른 쪽은 관심법을 쓸 수 없는 평범한 인간인 경우가 많습니다. 우선 문제의 '디자인 감각'에 대해서 살펴보고 대처법을 이야기해봅시다.

디자인 감각이란 무엇인가

디자인 감각은 일단 시각 영역에 해당하고 무엇인가를 구별, 판단하는 능력입니다. 좋은 시안과 나쁜 시안을 구별하는 것이죠. 감각적으로 구별이 가능한 디자인 요소에는 컬러, 조합,

균형, 배치, 구도, 폰트, 여백 등이 있는데, 감각이란 이것들을 논리적으로 분석해 내리는 판단이 아닙니다. 직관적으로 뭔가 불편함을 느끼거나 반대로 편안함을 느끼는 시각 반응을 의미합니다. 보는 만큼 안다고, 평소에 포트폴리오 사이트를 즐겨 보거나 본인의 취향이 확고한 디자인 '덕력'을 지니고 있는 경우라면 확실히 일반인에 비해 기민한 눈을 지닐 수 있습니다. 이렇게 머릿속에 쌓여 있는 많은 참고 자료는 각 정보들의 공통점과 차이점을 분석해서 나만의 취향을 확고하게 만드는 근거가 되기도 합니다. 최신 트렌드와 우수한 디자인 시안에 대한 나름의 기준점을 잡을 수 있죠.

따라서 디자인 감각은 디자이너와 클라이언트 모두에게 매우 긍정적인 요소가 될 수 있습니다. 좋은 시안에 대한 생각이 서로 비슷하거나 다양한 레퍼런스를 통해 디자인의 특징을 이해하고 있다면 이만큼 좋은 것이 어디 있겠습니까.

무엇이 문제가 되는가

그러나 종류, 콘셉트 불문하고 뭐든 물방울무늬만 들어가면 너무 좋아 소름이 돋는 '땡땡이 성애자' 클라이언트와 '환 공포증' 디자이너가 만났다든지, 블로그나 구글에 떠돌아다니는 근거 없는 낭설들로 디자인을 공부한 경우라든지, 구체적인 취향은 없이 그냥 예쁜 디자인이면 다 좋은 맹목적인 디자인 덕후라면 문제가 됩니다. 반대로 오히려 디자이너가 디자인 지식이 없어서 클라이언트의 말을 이해하지 못해 갸웃거리는 경우도 문제가 되죠.

디자인 감각은 '구별 능력'입니다. 구별에는 근거가 있어야 하죠. '이것은 이것 때문에 이렇게 다른 것이다'라고 설명할 수 있어야 합니다. 그리고 단지 포토샵을 다룰 수 있다 해서 시안을 막 만들어낼 순 없습니다. 만들어진 것을 구별하는 것과 백지 상태에서 실제로 디자인을 구현하는 것은 완벽하게 다른 문제니까요. 디자인은 느낌이 아니라 설계에 가깝고 근거가 가득한 논리적인 스토리입니다. '느낌적 느낌'만 가지고 있는 것은 클라이언트나 디자이너에게 아무런 도움이 되지 않습니다. 이를테면 '그, 좀 세련된 얇은 폰트 있잖아요. 요즘 그런 거 쓰면 멋있던데' 하는 식의 오더는 좋은 방식이 아닙니다. 어디서 본 것들을 짜깁기해서 만들어내는 그림은 콘셉트와 균형이 전혀 맞지 않죠. 연예인 여러 명의 예쁜 이목구비를 하나씩 따서 합치면 괴생명체 같은 얼굴이 나오는 것과 같습니다.

어떻게 써먹을 것인가

자신의 디자인 감각에 대해 냉정하게 평가해봅시다. 감각만 가지고는 일을 할 수 없으니까요. 판단이 섰다면 판단의 근거가 있어야 하고 표현 가능해야 합니다. 또한 자신의 감각이 단순히 취향을 넘어서 이론적 확신이 있는지, 다양한 적용과 변형, 시장을 고려한 다각적 시선인지, 이 판단에 오류는 없는지 스스로 자기검열이 가능한 수준이 되어야 하죠. 흔히 메타인지라고 부르는 그것입니다. 비단 클라이언트뿐 아니라 디자이너에게도 해당되는 얘기입니다.

디자인 감각은 분명 존재하지만 '난 디자인 감각이 있어요'라는 표현은 업무의 편의성보다는 다분히 어떤 의도가 있는 발언입니다. 디자이너의 시안을 '까고' 싶거나 몸이 찌뿌듯해서 오랜만에 싸움이나 해보려고 의뢰를 맡긴 것이 아니라면 더 쉬운 방법을 택하도록 합시다. 내 디자인 감각과 일치하는 디지이너를 찾아서 그에게 맡기는 것이죠. 디자이너의 포트폴리오를 보고 나의 감각과 일치하는지 판단하는 것 또한 디자인 감각이니까요. 진정한 디자인 감각우 서로를 존중하고 이해하기 위해 존재하는 것입니다.

"우와, 이거 어때요?"

"이거 좋아요! 저건요?"

"저건 제 취향 아니에요."

"그럼 이런 건요?"

"그건 좀 뭔가 눈에 거치적거려요. 그냥 딱 보기에."

"아, 정말요? 그럼 이런 건요?"

"좀 나아지긴 했는데, 이쪽이 너무 횅해요."

이런 대화가 아니라 다음과 같이 얘기할 수 있는 클라이언트가 되는 것입니다.

"요즘 트렌드에는 이런 것들이 있던데, 저희 회사는 금융 계통의 서비스를 하니 아무래도 이렇게 직선과 대비가 강렬한 컬러가 있는 콘셉트로 가는 것이 어떨까 합니다. 어떻게 생각하시나요?"

"매우 좋은 의견입니다. 하지만 대부분의 금융회사가 이런 콘셉트를 활용하고 있는데, 혹시 디자인적으로 조금 파격적인 콘셉트로 가보는 것은 어떨까요? 이 시안은 조금 플랫한 컬러와 일러스트 디자인을 첨가한 형태인데 이것은 어떠신지요?"

"오, 확실히 감성적인 부분을 살릴 수 있겠군요. 이러한 콘셉트의 디자인을 K회사에서도 적용했던 것 같습니다. 그때 반응이 상당히 좋았다고 하던데, 혹시 들어보셨나요?"

"네. 그때 해당 회사가 리브랜딩을 하면서 젊은 층의 가입률을 높이려고 앱 버전의 디자인으로 통일시켰던 것으로 알고 있습니다. 리브랜딩 이후 이전 대비 가입률이 240퍼센트 정도 증

가했다고 합니다. 사람들의 머릿속에 컬러와 일러스트가 쉽게 남기도 했고, 이후 제작된 굿즈나 포스터의 톤도 예쁘게 통일시킬 수 있어서 효과가 더욱 높아진 듯하네요."

이런 대화가 오갈 수 있도록 만들어주는 것이 디자인 감각입니다. 디자인 감각은 내 취향대로 만들어달라는 생떼가 아니라 좋은 디자인을 향해 상호 일치된 시선을 의미하는 것입니다. 그러니 '제가 디자인 감각이 좀 있는데…'라는 말은 '내가 너보다 더 잘 알고 있으니 내 앞에서 아는 척하지 마. 나 하고 싶은 대로 할 거야'라는 뜻이 아닙니다. 여러분이 진짜 디자인 감각이 있다면 그 단어는 이렇게 쓰도록 합시다.

"제가 디자인 감각이 좀 있어서 파격적인 시안도 이해하고 고려할 의향이 있습니다. 1시안은 제 의견에 포커싱해주시되, 2시안은 역량껏 기획해주시면 감사하겠습니다."

당신 디자인, 내 스타일이야
: 취향을 좁혀보자

"그러니까 전체적으로 이런 톤을 원하시는 거죠?"

레퍼런스 시안을 가만히 보던 클라이언트가 박수를 치며 환호합니다.

"와, 진짜 이게 바로 제가 원하던 거예요!"

클라이언트와 미팅을 한 시간 정도 진행하고 나니 클라이언트의 말 속에서 반복되는 무엇인가를 찾을 수 있었습니다. 단서는 이런 것들이었죠. '트렌디'라는 단어를 참 많이 썼고 '고급스러운 느낌'이라는 말을 열여덟 번쯤 썼습니다. '심플하고 깔끔한'이란 단어가 일곱 번 정도 나왔고 그러면서 '여성스러운'이라는 조건도 붙었습니다.

디자이너도 몹시 기뻤습니다. 디자이너도 트렌디하고 고급스럽지만 심플하고 깔끔한, 그러면서도 여성스러운 느낌의 디자인을 꼭 해보고 싶었던 것이죠. '이 작업이라면! 정말 잘 해낼 수 있겠어!'라는 자신감이 생겼습니다. 디자이너는 평소 핀터레스트에 모아놨던 레퍼런스들을 보여주었습니다. 올해 팬톤 컬러를 중심으로 한 선 위주의 레이아웃, 단정하지만 일부분만 라운딩된 예쁜 폰트와 충분한 여백, 감각적인 사진이 어우러진 시안이었죠. 클라이언트와 디자이너는 둘 다 끄덕이며 행복한 커피 타임을 지닐 수 있었습니다.

"사실 일반적인 디자이너가 커뮤니케이션까지 잘하기가 쉽지 않거든요."
"이야… 역시 디자이너님 포트폴리오 딱 처음 봤을 때 느낌이 왔다니까요."
"하하하, 지도 오피 듣는 순간 그림이 딱 그려져서."

반면 옆 미팅실로 가봅시다. 대화 중간에 침묵이 이어집니다. 미팅 자리가 아주 어색하고 바스락거리는 질감을 보여주고 있네요. 클라이언트는 시안을 연달아 보고 있습니다. 종종 고개를 가로저으며 미간에 힘이 들어갑니다.

"아… 음… 그런데 원래 저희가 원했던 게 조금 더 각진 느낌이었거든요. 혹시 다른 것은 없을까요?"

"아, 그런데 여기서 더 각지면 사실 좀 날카로운 이미지가 강해져서 여성스러운 느낌은 아닐 것 같아요."

"그럼 이쪽 폰트만 좀 고딕 같은 걸로 강조해주면 어떨까요?"

"음…."

(침묵)

"이 중에 어떤 게 제일 괜찮은 것 같아요?"

"…개인적으론 첫 번째 시안이긴 한데, 뭐, 다 맘에 안 드신다고 하니… 어떤 방향으로 수정할지 정확하게 알려주시면 진행해 볼게요."

"조금 더 각이 살았으면 좋겠어요. 일러스트 톤보다는 더 사진 위주로…."

"근데 따뜻한 느낌을 내려면 이쪽은 일러스트를 쓰는 것이 나을 것 같은데…."

그러니까 문제는 이랬습니다. 이 디자이너는 '일러스트 덕후'입니다. 손그림과 몽글몽글한 요소를 선호합니다. 그는 귀여운 것이 우주 최강이며 그것을 이길 수 있는 것은 없다고 믿고 있죠. 그러나 클라이언트는 지극한 미니멀리스트입니다. 여백이 넘쳐도 상관없으니 요소들의 각이 잡히는 것이 더 중요한 사람입니다. 둘은 '귀여움'과 '미니멀'의 팽팽한 기 싸움을 하고 있습니다. 물론 어느 누구도 틀린 의견은 없습니다. 귀여운 것은 우주 최강이 확실하며, 각이 잡히는 것은 정보 전달에서 중요한 요소입니다. 문제는 이 평행선이 쉽사리 좁혀지지 않고 있다는 것이죠.

취향을 가르는 데도 기준이 필요하다

두 미팅실의 온도가 확연히 차이 나는 것은 전자의 디자이너가 실력 있고 후자의 디자이너가 1년 차라서가 아닙니다. 단지 클라이언트와 디자이너의 취향에 차이가 있을 뿐입니다. 《취향의 탄생》의 저자인 톰 밴더빌트는 '취향은 개인의 선택'이라고 언급했습니다. 환경적 요소의 영향도 있겠지만 대부분의 취향은 자기 자신을 투영한 일종의 투사체의 개념이죠. 감각적인 중독, 그러니까 하루 세끼를 카레만 먹어도 질리지 않는 타입의 취향이 있을 수도 있고, 성향의 차이로 인한 취향도 있습니다. 새로 산 아이폰이 행여 흠집이라도 날까 케이스를 씌우는 조심스러운 타입과 어떻게 아이폰에 케이스를 씌우냐며 고개를 가로젓는 타입이 있는 것같이 말입니다. 또는 나의 부족한 면을 채워주거나 동경하는 것들에 대해 대리만족을 느끼게 하는 취향도 있습니다. 내 방은 태초의 지구처럼 혼돈 그 자체지만 무인양품을 극도로 좋아한다든지, 기계에 관심이 없지만 기계를 잘 다루는 이성에게 흠뻑 빠지는 경우죠.

취향은 선택의 문제지만 이성보다는 지극히 감각적이고 감성적인 요소에 지배받습니다. 왜 보라색을 좋아하는지 본인은 설명하기 어렵습니다. 그것이 어떤 의미인지 또는 제품에 어떤 이미지를 만들어줄지도 부차적인 문제죠. 내가 좋아한다는 사실이 훨씬 중요합니다. 앞서 예시한 디자이너도 그냥 자신은 귀여운 것이 좋을 뿐입니다. 수정을 요청받았을 때 날카로워 보인다거나 너무 딱딱해 보일 수 있다는 등 이런저런 이유를 대지만 상대를 설득하지 못하고 계속 대화가 맴도는 것은 '정작 자신도 자신의 선택을 이해하지 못하기 때문'입니다. 취향은 쉽사리 설명할 수 없는 영역입니다.

그렇다면 이 문제를 어떻게 해결해야 할까요. 사실 일반적인 지침이라면 서로의 취향보다는 비즈니스에 적합한, 좀 더 이성적인 관점이나 제품의 타깃층과 고객의 입장 등을 논하겠지만 저는 조금 다른 방식으로 접근하려고 합니다.

취향이 다른 디자이너와 굳이 애를 쓰며 결을 맞춰야 할 필요가 있을까요. 우린 애인을 사귀자는 게 아니라 일을 하자고 모인 상황입니다. 시간과 비용을 절감하고 효율적으로 일해야죠. 서로의 취향을 이해하기 위해서는 크나큰 에너지와 시간이 소모됩니다. 굳이 이것을 맞추고 있는 건 좋은 방법이 아닐 것입니다. 기본적으로 만나기 전에 먼저 서로의 결을 확인하는 과정이 중요하고, 만나고 난 후엔 적절한 질문과 미팅 어젠다를 통해 빠르게 서로의 필요를 확인해야 합니다. 우리가 일을 하다 성질나는 이유의 대부분은 상대방이 지독하게 못하거나 비상식적이어서가 아닙니다.

애당초 아무 계획도 기준도 없이 그냥 빨리 찾아서 보고해야 한다는 핑계로 '아무나' 데려왔기 때문이죠. 질문도 준비하지 못했고 미팅도 대충 합니다. 한 번이라도 미팅의 프로그램을 짜서 디자인 미팅을 해본 적이 있던가요? 사람과 사람이 만나서 새로운 결과물을 만들기 위한 협의를 합니다. 그 결과물은 회사의 얼굴이 되죠. 디자이너에게 그냥 맡겨놓기만 할 일은 아닙니다. 좀 더 제대로 우리의 니즈와 상대방의 성향을 파악해보도록 합시다.

디자이너는 이론적인 틀과 공식을 활용하는 듯 보이지만 사실은 그렇지 않습니다. 단적인 예로 다른 누군가가 해놓은 디자인을 똑같이 베껴보면 어떨까요? 색상이나 레이아웃, 요소가 모두 동일하다고 해도 결과물은 원래의 것과는 미묘하게 다릅니다. 색상을 예로 들어보겠습니다. 사람의 인지 체계는 입력과 출력 과정에서 반드시 자신만의 필터링을 거치게 됩니다. 같은 파란색이라도 색상값을 명확하게 주지 않으면 미묘하게 내가 선호하는 파란색을 택합니다. 시안은 결과물입니다. 디자이너 자신의 입으로도 설명하기 힘든 취향이 반영된 것이죠. 특히 클라이언트의 오더 없이 스스로 만든 디자인의 경우엔 취향이 더욱 강하게 반영될 것입니다. 우리는 디자이너의 취향을 시안을 통해 발견할 수 있습니다. 미팅 자리에서 마음이 상하기 전에 이미 어느 정도는 상대와 나의 결을 맞춰볼 수 있는 것이죠. 지금까지는 그저 '잘한다, 못한다, 맘에 든다, 안 든다, 우리와 맞는 것 같다, 아닌 것 같다' 등의 다양한 호불호가 있었을 것입니다. 하지만 여러분도 정확히 어디가 왜 마음에 안 드는지 설명하긴 힘들었을 거예요. 이제 그걸 다섯 가지로 쪼개서 말씀드릴 테니 하나하나 살펴보면서 각 요소별로 우리가 원하는 시안과 어떤 차이가 있는지 좀 더 체계적으로 관찰해봅시다.

여백의 크기

여백을 인식하는 정도는 사람마다 크게 차이가 나는 부분입니다. 누군가는 장마당처럼 드넓은 몽골 민족의 여백을 선호하고 다른 누군가는 아기자기하고 빼곡한 느낌을 좋아합니다. 보통 일반인들은 여백을 두려워하는 경향이 많다고 합니다. 흔히 '백색 공포'로 불리는 개념이죠. 백화점 명품관에서 벽 한 면에 가방 하나만 떡하니 걸려 있는 모습을 보고 '와, 저 가방 엄청 비싸겠다'라고 생각해본 경험이 있으실 것입니다. 디자인에서 여백은 권력을 나타냅니다. 높은 천장과 넓은 면적 등 많은 여백을 보유한 요소에는 고급스러움, 위압감, 부담, 권위의식 등을 느끼게 됩니다. 이것이 흰 바탕일 경우에는 더욱 강렬한 긴장감을 유발하죠. 이처럼 한 요소가 높은 자리에 있다면 다른 요소와 위상차가 발생합니다. 디자이너와 클라이언트가 생각하는 '중요한 요소'가 서로 다를 수도 있어서, 어디에 어떻게 여백을 만들고 어느 정도의 여백을 선호하는가는 매우 민감한 문제가 될 수 있습니다.

디자이너가 클라이언트에게 제시한 레퍼런스 시안, 또는 포트폴리오 시안의 여백을 확인해보도록 합시다. 어떤 요소에 힘을 주고 어떤 요소를 덜 중요하게 여기는지 들여다봅시다. 제목에 많은 여백을 주고 그래프에는 별로 힘을 주지 않을 수도 있습니다. 사진을 중심에 두고 텍스트는 아주 작게 아래쪽으로 배치하는 경우도 있죠. 이처럼 디자이너가 중요하게 여기는 요소를 개략적으로 파악할 수 있습니다. 물론 이런 요소들은 추후에 요청을 통해 조절할 수 있으니, 포트폴리오만을 보고 '이 사람은 우리와 맞지 않아'라고 단정하기보다는 '이런 것을 좋아하는 분이구나' 정도로 생각하시면 될 듯합니다. 디자이너도 그때그때 기분과 취향, 유행에 따라 조금씩 시안에 변형을 이루기 때문이죠.

선호 컬러

흔히 초두효과라고 불리는 '첫인상 이론'이 있습니다. 6~90초 내에 대상에 대한 이미지가 결정된다는, 소개팅 남녀에게는 지극히 잔혹한 인지 이론이죠. 그중 컬러는 첫인상의 90퍼센트 이상을 좌우합니다. 명도의 차이가 두려움과 공포, 안정감을 좌우한다면 색상의 차이는 대상을 식별, 구별하는 역할을 합니다. 남성은 하늘색에서 파란색 계열을 선호하고, 여성은 붉은색 계열이 좀 더 섞인 파랑-보라 계열을 선호합니다. 성별이나 연령대에 따라 좋아하는 색상이 달라지는 것은 물리적인 인지 차이 때문이죠. 또한 엄마가 사줬던 회색 후드, 요즘 유행하는 색, 환경과 사회의 영향을 받는 경우도 있습니다. 이 외에 개인적 경험이 녹아든 선호 컬러까지 섞이면 인간의 색에 대한 선호도는 아주 개인적이고 세분화될 수 있습니다.

　포트폴리오나 레퍼런스를 확인할 때는 두세 가지 시안을 함께 놓고 확인합니다. 특히 파랑과 빨강을 어떻게 쓰는지 잘 확인합니다. 사람들이 가장 일반적으로 좋아하는 자연색 즉 파란색과 갈색, 붉은색 계열은 역설적으로 개인차가 가장 잘 드러나는 부분이기도 합니다. 섹시한 레드라고 해도 항상 버건디 계열이 아닐 수 있습니다. 누군가에게는 고혹적인 버건디보다 발칙하거나 발랄한, 높은 채도의 빨강이 섹시함을 상징할 수도 있기 때문이죠. 이렇듯 빨강, 파랑, 노랑 등의 기본색을 어떻게 운용하는지 먼저 살펴보면서 디자이너의 선호 컬러와 우리 브랜드의 선호 컬러의 결을 맞춰보는 것입니다.

   컬러를 잘 쓰느냐 아니냐는 유심히 보지 않아도 알 수 있습니다. 스윽 봤을 때 '색이 이쁘다'는 생각이 들면 거의 맞죠. 색은 우리 생각보다 더 직관적인 요소입니다.

레이아웃

가운데, 왼쪽, 오른쪽, 대각선 등 정렬과 상·중·하단을 쪼개는 방법, 무게중심의 위치 등으로 이뤄지는 레이아웃은 지극히 공간적인 느낌을 나타내는 영역입니다. 누군가는 고전적으로 상단에 큰 무게를 주고 누군가는 안정적으로 하단에 무게를 주기도 합니다 포인트를 중앙에 두는 방법도 있고, 각 영역이 지닌 공간을 분할하는 방식도 모두 다르죠. 시안을 딱 봤을 때 심신이 안정되는지를 확인해봅시다. 고객 입장에서 잘 읽히고 가시·가독성이 좋은 것도 물론 중요하지만 그것은 추후의 문제입니다. 일단은 내 맘에 들어야 하죠. 디자이너 중에는 역동적인 대각선 또는 역삼각형 레이아웃을 좋아하는 사람도 있고, 안정적인 삼각형이나 사각형 형식의 레이아웃을 좋아하는 사람도 있습니다. 저는 후자 쪽에 가깝죠. 또한 좌우 대칭을 좋아할 수도, 포인트에 무게를 줄 수도 있습니다. 각각의 요소는 질량을 지닌 무게 추와 같습니다. 같은 60포인트 폰트라고 해도 폰트의 두께에 따라 그 무게감은 달라집니다. 여러분이 시안을 봤을 때 뭔가 불편하거나 불안정한 느낌, 난잡한 느낌이 든다면 레이아웃의 문제일 가능성이 매우 큽니다. 하지만 레이아웃은 아주 유연하게 바뀔 수 있는 부분이기에 너무 걱정하지 않으셔도 됩니다. 여러분이 역삼각형 레이아웃에 불편함을 느꼈다면 좀 더 안정적인 레이아웃으로 구성해달라고 요청하면 끝날 일이죠.

사진의 톤

잘 찍은 사진은 누가 봐도 예쁩니다. 하지만 톤이 특이한 사진을 보면 자기 선호도를 명확하게 알 수 있죠. 예전 싸이월드 프로필에나 쓰일 법한 마스카라가 번진 채 울고 있는 여자(왠지 옆에는 '이별, 그 잔혹한 이름' 따위의 문구가 있을 것 같은) 사진처럼 대비가 명확한 모노톤을 좋아하는 사람이 있습니다. 러시아 사진작가인 엘레나 슈밀로바의 사진처럼 세피아 톤에 아웃포커싱이 독보적인 감성적 느낌을 좋아하는 사람도 있습니다. 아니면 푸디 카메라 앱으로 찍은 것처럼 색감이 명확하고 맛있어 보이는 음식 사진을 좋아하는 사람도 있죠. 자신이 가장 선호하는 느낌을 확인하려면 포트폴리오에 삽입된 다양한 사진 톤을 확인해봐야 합니다. 다만 사진은 디자인에 따라 얼마든지 다르게 쓸 수 있기 때문에 오더만 잘하면 큰 문제가 되지 않습니다. 다음과 같은 용어들을 사용해서 사진을 넣어달라고 요청할 수 있습니다.

- 인물이나 피사체의 클로즈업 샷(이때 배경은 아웃포커싱)
- 배경이나 풍경 등 광각 사진(a.k.a 깔아주는 사진)
- 흑백 톤의 명도 대비가 뚜렷한 사진(a.k.a 감각적인 사진)
- 색감이 분명하게 살아 있는 강한 채도의 사진(a.k.a 쨍한 사진)
- 피사체와 소품이 균형 있게 어우러진 연출 샷(제품 사진에 주로 활용)
- 하나의 컬러 톤이 도드라진 사진(배경과 소품의 포인트 컬러를 모두 통일)
- 텍스트와 함께 썼을 때 잘 어울리는 사진(배경이 거의 없고 피사체가 한쪽에 위치)

선 위주, 면 위주

공간을 구성하고 만드는 방법에는 여러 가지가 있는데 대표적으로 선을 쓰는 법과 면을 쓰는 법이 있습니다. 면을 쓰는 건 사각형이나 원을 이용해 면적을 정하거나 쪼개는 것이고, 선을 쓰는 건 실선이나 짧은 선을 이용해 요소와 요소를 구분하는 방식입니다. 전체 시안이 주로 어떤 방식으로 구성되어 있는지 확인해봅시다. 면을 쓰게 되면 좀 더 구획이 분명하게 쪼개진 느낌이고 다채로운 컬러나 구성을 사용할 수 있습니다. 다만 텍스트나 사진 등 요소가 많아질수록 조금 답답한 느낌이 들 수 있답니다. 가뜩이나 좁은 원룸에 가구만 가득 들어찬 기분이죠. 선을 이용할 땐 날카롭고 이지적인 느낌을 줄 수 있습니다. 그리고 하나의 시안이 통일된 콘셉트를 지니는 경우가 많습니다. 이를테면 검은색 배경에 흰색 선만 이용해서 구분하는 방법이죠. 방이 아니라 가벼운 파티션이나 천막 정도로만 공간을 쪼갰다고 상상하시면 좋을 듯합니다.

물론 앞서 말한 방식을 모두 확인하더라도 맹점이 있습니다. 앞에서도 잠깐 언급했지만 포트폴리오나 레퍼런스는 대부분 디자이너 본인이 직접 손을 댄 것이 아니라 다른 클라이언트의 요청에 의해 작업했거나 위 요소를 모두 충족시키는 것은 아니라는 점입니다. 그래서 클라이언트는 디자이너에게 '의뢰받아 제작한 디자인 말고 본인이 직접 작업한 디자인'을 요청해야 합니다. 센스 있는 디자이너라면 이 요청이 무슨 의미인지 이해할 수 있을 것입니다. 서로의 취향을 확인하고 체크하는 과정이 반드시 필요합니다. 말은 믿지 않습니다. 취향은 눈으로 느껴지는 것입니다.

그렇게 물어보면 도와줄 수가 없어
: 디자인 의뢰의 기술

디자이너에게 의뢰를 해봅시다. 회사 소개서를 만들고 싶으니 일단 회사 소개서 잘 만드는 사람을 수소문하겠죠. 소개를 받거나 포트폴리오 사이트를 뒤져서 괜찮은 콘셉트의 디자이너를 발견합니다. 그러고는 무턱대고 메시지를 보냅니다. 보통 페이스북 같은 SNS에서 디자이너를 소개받은 경우에는 이 메시지의 간결성이 더욱 심해집니다.

"회사 소개서 만들려고 하는데 견적 요청드립니다."

"회사 소개서 만들려고 하는데 가능하신가요."

"회사 소개서 제작하는 데 얼마 정도 할까요."

'회사 소개서 얼마임?'이라고 하지 않은 것이 다행이라 해야 할까요. 이런 메시지를 받은 디자이너는 머리 위에 수천 개의 물음표가 생깁니다.

'무슨 종류의 어떤 제작 건이며, 콘셉트는 무엇이고, 가로인지 세로인지, 페이지는, 기한은, 용도는, 인쇄는, 디자인 범위는, 아트워크나 사진, 자료 제공은 어떻게, 담당자는, 지불 방식은, 계약 여부는…?'

 엄청난 궁금증을 뒤로한 채 디자이너가 다시 묻습니다.

"언제까지인가요?"

"다음 주 수요일까지 해주시면 됩니다."

 보통은 이런 식의 대화가 수십 번 오고 가는데 이러한 소통에는 디자이너의 책임도 있습니다. 아예 의뢰서 양식을 만들어서 기입해달라고 메일로 보내면 차라리 간편할 수 있을 텐데요. 하지만 우리는 대화 끝에 '^^'도 붙여야 하고 'ㅜㅜ'도 붙여야 하는 등 힘들고도 답답한 대화를 이어가곤 합니다. 예의를 충분히 갖추면서도 두세 번 일하지 않게 의뢰하는 방법을 알아보도록 합시다. 스크립트로 표현하면 대략 다음과 같습니다.

 이번에 저희 회사 소개서를 만들려고 합니다. ○○사이트의 포트폴리오를 보고 연락드립니다. 회사 소개서는 아래 내용과 함께 제작을 진행하려고 하오니, 확인하시고 관련된 견적과 추가적인 포트폴리오가 있으시다면 첨부하여 회신해주시면 감사드리겠습니다.

1. 제작 기한: 2020년 6월 30일(18:00까지)
2. 제작 목적: 대외 발송용 회사 소개서 제작
3. 제작 방식: 30페이지의 가로 좌철 중철 제본 / 표지 4p + 내지 26p 구성 / A4 사이즈
4. 자료 제공: 디자인에 필요한 사진 자료 및 텍스트는 제공해 드립니다.
5. 제공 시점: 견적 확인 후 구두계약상 확정이 되면 당일 중으로 전달해드릴 예정입니다.
6. 콘셉트: 하기 첨부한 레퍼런스 양식을 확인해주시면 되겠습니다(이미지 첨부).
7. 작업 범위: 인쇄는 저희 측에서 진행합니다. 디자이너님께는 제작된 디자인 파일의 PDF본과 AI 원본 파일을 요청드립니다. 원본 제공에 대한 추가 옵션도 견적에 포함해주시면 감사하겠습니다.
8. 업체 특성: 저희는 비즈니스 솔루션을 제공하는 IT 업체로서 B2B를 전문으로 하고 있어 전문적이고 레퍼런스가 눈에 띄는 형식이면 좋겠습니다. 상세한 회사 소개는 회사 소개서를 첨부해드립니다.
9. 계약 방식: 견적 조율 후 계약은 서면으로 작성합니다.
10. 기정 예산: 추후 협의 가능합니다.

11. 지불 방식: 견적 조율 후 계약금 30퍼센트와 잔금 70퍼센트를 지불하며 일정은 추후 계약서에 상세히 기재하도록 하겠습니다.

12. 담당자명: ○○○ / 연락처: 010-○○○○-○○○○

이러한 방식으로 의뢰를 한다면 되게 천재 같아 보이겠네요. 이 정도까지는 아니더라도 적어도 기본적인 기한, 비용, 작업 범위 정도는 알려주도록 합시다. 디자이너는 궁예가 아니기에 관심법을 쓸 수 없습니다. 그러나 무작정 이런 식으로 적으라고 강요하는 것은 실무자 입장에서 다소 억울할 수 있겠습니다. 잠시 디자이너가 어떤 방식으로 작업하는지 살펴보겠습니다.

디자인을 이야기할 때 꼭 말해야 하는 것들

디자이너는 백지 상태에서 작업을 시작하지 않습니다. 기본적으로 클라이언트가 요청한 내용과 콘셉트에 대한 다양한 레퍼런스를 검토하고 찾아보는 작업이 먼저겠죠. 비슷하거나 유사한 콘셉트의 다양한 자료를 모아 레이아웃과 전체 디자인 스타일을 먼저 잡습니다. 그러므로 회사가 원하는 방향과 색깔을 얘기해주지 않으면 콘셉트 설정 자체가 힘들어진답니다. 이 작업을 좀 더 빠르게 할 수 있는 방법은 담당자가 직접 레퍼런스 이미지를 찾아서 첨부하는 방법인데, 귀찮다면 디자이너에게 직접 요청하도록 합시다. 물론 홈페이지 주소만 덜렁 던져주고 '당신이 알아서 찾아보세요'라는 식의 행동은 자칫 오해를 불러일으킬 수 있으니 상세한 회사 설명을 직접 언급하는 것이 좋겠습니다.

앞에서 콘셉트가 잡히면 레이아웃과 스타일을 설정한다고 했는데, 이 레이아웃이란 것은 백지에 선을 긋는 작업이므로 먼저 작업 사이즈를 정확하게 알아야 합니다. 밀리미터 단위나 픽셀 단위로 알려줍니다. 이후 본격적인 작업을 진행하는데, 디자이너는 하루에 얼마나 작업을 해야 하고 수정 시기는 언제쯤이 좋을지 시간을 분배해야 합니다. 도깨비방망이로 작업하지 않습니다. 시안이란 게 나오라면 뚝딱 나오는 것이 아니며, 폰트 자간을 수정하는 데만 몇 시간이 걸리기도 하죠. PPT 디자인도 그러합니다. 물리적으로 한 페이지당 한 시간씩만 잡아도 30페이지면 30시간입니다. '아니, 무슨 한 페이지에 한 시간이나 걸려?'라고 의아할 수도 있겠지만, 한 페이지란 것은 결과물일 뿐이고 그걸 만들려고 세 번, 네 번 새로운 걸 만들었다 지우기를 반복하기 때문이죠.

디자인을 중간에 갈아엎거나 콘셉트 자체를 바꾸는 경우도 있어서 물리적 계산보다 훨씬 많은 시간이 걸리기 마련입니다.

물론 저 30시간은 밥도 안 먹고 잠도 안 자고 화장실도 안 가는 것을 전제로 합니다. 디자이너도 사람인데 카톡 볼 시간은 있어야 하지 않겠습니까. 작업 기한을 명확하게 알려주도록 합시다. 기한은 1주일 뒤인데 자료를 주는 시점이 3일 뒤라면 문제가 될 겁니다. 제작 기한은 자료를 제공하는 시점 이후부터 책정하여 알려주는 것이 온당합니다.

그리고 가장 중요한 비용 문제는 직접 제안을 할 수도 있고 역제안을 요청해도 상관은 없습니다. 다만 '일단 비용은 협의 중이니 디자인부터 해주세요'라는 것은 좋지 않습니다. 한 번 경험해봤는데 정말 너무 황당하더라고요. 세상 어디에도 얼마 줄지 얘기하지도 않고 무작정 일부터 시키는 경우는 없습니다. 연봉도 모르고 입사해서 그냥 주는 내로 받을 수 있나요? 이러한 깜깜이 계약을 진행하다가 추후에 도저히 맞지 않는 견적으로 서로 문제가 생기면 디자이너도 클라이언트도 피곤해집니다. 그러니 비용 문제는 세상 무엇보다 정확하고 따따 떨어지게 얘기하는 것이 좋겠습니다.

위의 내용은 제작물을 외주로 진행할 때를 가정한 것이지만 인하우스 디자이너에게 요청할 때도 거의 비슷합니다. 내부 디자이너에게는 위 내용의 1~7번을 서면으로 제공하는 것이 좋으며, 추가적으로 결재 라인과 1·2차 시안 제출일도 함께 알려주는 것이 좋습니다. 디자이너가 저것 말고는 일이 없겠습니까. 다른 업무와의 균형도 맞추어야 하고 작업 시간도 책정해야 하겠죠. 이때 '당연히 우리의 놀라우신 디자이너님은 새벽 2시에 퇴근하시겠지?'라는 식의 업무 시간 책정은 곤란합니다. 우리 디자이너님도 약속이란 게 있고 가족이란 게 있을 거 아닙니까.

내부 제작물이든 외주 제작 건이든 가장 중요한 것은 '소통의 정확성'입니다. 1번, 2번, 3번 이렇게 항목으로 나열하는 이유는 줄글로 쓸 때보다 정보 누락의 확률이 줄어들기 때문입니다. 줄글이나 구두 지시는 추후에 오더 관련 문제를 야기할 가능성이 큽니다. 서로 책임 소재를 놓고 싸우는 것보다는 종이 한 장 만들어서 정확하게 공유하는 편을 추천합니다.

시안은 언제쯤 나와요?
: 디테일한 업무 프로세스

클라이언트 중에서 대표가 직접 디자이너를 찾는 경우도 있지만 대부분은 실무자가 검색한 뒤 연락을 합니다. 그 후 커뮤니케이션은 해당 담당자가 직접 진행하며 하나의 결과물이 만들어질 때까지 쭉 계속되죠. 문제는 담당자가 디자인에 대해 딱히 잘 알지 못하는데 업무 경험도 많지 않은 사람일 때 발생합니다. 서로 실례를 범하게 되고 일이 꼬이기 시작하죠. 물론 맘과 손이 아주 잘 맞아서 척 하면 착 하고 알아듣는 운 좋은 경우도 있겠습니다만 이러한 궁합을 매번 기대하기는 힘들어요. 그래서 이번에는 세세한 업무 디테일을 알아보겠습니다.

서칭

디자이너의 서칭 방법은 크게 다섯 가지로 나뉩니다.

① 크몽, 위시캣, 프리랜서 코리아, 외주나라, 숨고 등 아웃소싱 업체를 이용하는 경우
② 구인구직 사이트에 정식 프리랜서 채용 등록을 하는 경우
③ 페이스북 등의 SNS에 '포스터 제작할 디자이너님 구합니다. 태그/추천 부탁드려요!'라고 공고하는 경우
④ 인스타그램이나 페이스북 등에서 #디자인 #포트폴리오 #외주 등의 해시태그로 검색해서 직접 연락하는 경우
⑤ 작년에 작업했던 디자이너를 카톡 숨김 친구에서 찾아 다시 연락하는 경우

프로젝트의 크기와 데드라인에 따라 장단점이 있습니다. 1번은 너무 많은 디자이너가 있는 터라 선택장애가 올 수 있지만 인력풀이 많은 만큼 다양한 퀄리티를 한눈에 볼 수 있어서 좋습니다. 2번은 상대적으로 시간이 오래 걸리고 돈이 들며 업무량이 늘어나지만, 직원을 채용하는 경우라면 발품을 줄일 수 있고 원하는 사람들을 필터링하기에 좀 더 편합니다. 외주에는 적합하지 않다고 생각합니다. 3번과 4번은 연락했을 때 대부분 스케줄이 바쁜 경우가 많고 금액 조율이 힘든 경우도 많습니다. 그러나 꽤나 간편한 서칭 방법이고 지인의 지인이어서 신뢰도가 비교적 높습니다(물론 어디까지나 비교적입니다). 5번은 이미

한 번 일을 해봐서 서로의 스타일과 내용, 견적을 어느 정도 아는 상태이긴 한데 내 전화를 다시 받을지는 미지수입니다.

전화 커뮤니케이션

전화를 할 때는 할 말을 정리해서 전화합니다. 일단 숨을 가다듬고 말할 내용을 미리 적어놓은 뒤 육하원칙에 따라 말합니다. 전화기에 대고 헛기침을 하지 않으려면 물이라도 한 잔 마시고 연락을 해보도록 합시다.

① 안녕하세요, 박창선 대표님 맞으시죠?
② 저는 △△개발연구원의 ○○○입니다.
③ 페이스북 게시물을 찾아보고 연락드리게 되었습니다.
④ 이번에 저희가 포스터와 회사 소개서 작업을 진행하려고 합니다.
⑤ 4월 11일부터 15일까지 진행하는 행사의 포스터이고, A1 사이즈로 디자인만 부탁드리려 합니다.
⑥ 회사 소개서는 20페이지 남짓이며 기존 내용을 리뉴얼하는 수준입니다. 이미지와 텍스트 등은 저희 쪽에서 전달해 드리고, 마찬가지로 디자인 영역만 부탁드리고자 합니다.
⑦ 제작 기한은 약 3주이며 이달 31일까지 최종 시안을 인쇄

소 측에 넘기려고 합니다.
⑧ 관련된 자세한 자료는 메일로 송부해드렸습니다.
⑨ 확인 후 가능 여부와 일정, 견적 내용을 회신해주시면 감사드리겠습니다.
⑩ 혹시 오늘 오후 6시 이전까지 회신이 가능할까요?
⑪ 네, 감사드립니다. △△개발연구원의 ○○○였습니다. 문의 사항은 이 전화번호로 연락주시면 됩니다.

8번과 9번에서 메일로 자료를 보내고 견적과 일정을 회신받는 것은 보통 디자인 작업이 말로만 들어서는 파악하기 어려운 경우가 많기 때문입니다. 디자인이란 게 상품 구매처럼 정량화된 양식이 있는 게 아닌지라 회사 소개서에 어떤 이미지가 필요한지, 추가 요청 사항에는 무엇이 있는지 확인이 필요합니다. 기본적인 금액은 정해져 있겠지만 만약 아이소메트릭이나 복잡한 아트워크가 필요한 경우에는 추가 비용이 발생할 수 있기 때문에 일단 콘셉트와 자료를 확인한 뒤 최종 견적을 내는 것이 일반적입니다.

메일 커뮤니케이션(기한·견적 조율)
기한과 견적을 합의하는 과정인데 보고에서 컨펌까지 2~3일

정도 걸릴 것입니다. 당일 끝낸다면 아주 좋은 그림이겠죠. 견적은 책정된 금액을 선제안하는 경우와 디자이너 쪽에서 견적을 제안하는 경우가 있는데 결과적으로 보면 그 중간쯤에서 금액이 결정되는 경우가 많습니다. 뒤에서 얘기하겠지만 메일에는 명확하고 깔끔한 언어로 내용을 적어줍니다. '얼마인지, 추가 비용은 어떻게 되는지, 원본 제공은 가능한지, 실비 처리는 어떻게 하는지' 등 계약서에 들어갈 사전 내용들을 미리 확인합니다. 종종 돈 얘기 하는 게 어렵고 민망해서 말을 빙빙 돌리는 경우가 있더라고요.

"혹시 어느 정도면 좋을지 먼저 알려주시면…."

이런 식으로 비밀스럽게 대화를 진행하는 담당자들도 계십니다. 좋지 않습니다. 대놓고 물어보세요. 쿨하게 물어볼수록 상대방도 명확히 대답할 수 있습니다.

계약서 작성과 미팅 일정 조율

이제 미팅을 잡도록 합시다. 미팅 없이 바로 시작해야 하는 급한 건이라면 계약서는 등기 발송합니다. 계약서는 필수 중에 필수입니다. 하다못해 5만 원짜리 디자인을 맡겨도 계약서 작성을 원칙으로 합니다. 클라이언트 입장에서도 일련의 사고를 방지할 수 있는 장치니까요. 저도 한두 번 데인 것이 아닌지라이 한 장의 종이가 추후 서로의 피곤함을 얼마나 줄여주는지 절실히 깨닫고 있습니다.

가끔 커뮤니케이션의 구멍으로 인해 서로가 하나의 상황을 임의 판단하는 경우가 있습니다. 클라이언트는 디자이너가 연락을 제때 하지 않아서 디자인을 포기한 줄 알았다고 합니다. 정말 그렇게 생각했다면 재차 연락을 해서 확인했어야 하지 않을까요. 한참이 지난 후에야 클라이언트는 디자이너에게 이렇게 얘기했다고 합니다.

"아, 이제 디자인 안 해도 돼요. 저희가 그냥 해버렸어요."

이건 너무 청천벽력 같은 일이죠. 물론 제때 답신이 없었던 디자이너도 문제입니다. 그러나 한두 번 연락이 안 되었다고 이렇게 아무렇게나 계약을 끝내버리고 고지도 하지 않는 경우도 좀 이상합니다. 적어도 업무 중단을 사전에 공지하는 것이 상식적이지 않을까요.

디자이너의 경우도 마찬가지입니다. '이건 내용이 달라서 못해요. 안 하겠습니다'라고 막무가내로 나오거나 잠수를 타거나 정말 중간에 시안을 포기하고 사라지는 경우가 은근히 있더라고요. 물론 계약은 구두상의 기록도 인정되기는 하지만 추후 공방이 심각해질 수도 있으니 계약서는 필수입니다.

날인 후 자료 전달 일정 조율

도장을 찍고 업무 영역을 분명하게 잡습니다. 이때는 세 가지를 체크합니다.

① 네가 할 일, 내가 할 일을 구체적으로 분장합니다.
② 언제까지 어떤 방식으로 전달할지 정확하게 "내일 오후 2시까지 메일로 '매출 자료, 이미지, 로고 원본 파일(AI), 기존 소개서 자료'를 전달해드리겠다"는 식으로 구체적으로 일정을 잡습니다.
③ 작업 비용과 지불 일자, 지불 방식에 대한 합의와 계산서 발행일, 계산서 작성 내용, 발송 이메일 등을 다시 확인합니다. 계산서가 엉뚱한 이메일로 가거나 내용을 잘못 써서 수정해야 하는 경우가 수두룩합니다.

자료 발송, 1차 시안 수령, 보고, 피드백

자료를 약속된 시간 내에 정확하게 보내주었다면 이제 지정된 날짜에 1차 시안을 받는 일이 남았습니다. 여기까지 무사히 끝났다면 일단 커피를 한잔 마시며 안도의 한숨을 쉬어도 될 것입니다. 하지만 본싸움은 지금부터죠. 먼저 해당 시안을 위에 보고하고 피드백을 받습니다. 그리고 그 피드백을 앞에서 언급한 대로 차근차근 정리해 워드 파일이나 PPT에 기재합니다. 메일에 적는 경우도 있는데 이때는 '1' '2' '3' 이런 식으로 리스팅을 분명히 해야 합니다. 그리고 한 넘버에는 한 가지 내용만 넣습니다. 그래야 회신을 받을 때도 1, 2, 3번 중 몇 번이 누락되었는지 빠르게 파악할 수 있겠죠.

피드백 발송, 2차 시안 수령
1차 시안 때와 같은 과정을 거쳐 조율합니다. 이 단계에서 갑자기 엎어져버리거나 '그냥 우리가 하자'는 식으로 되어버리거나 콘셉트를 통째로 바꾸는 경우가 생길 수도 있습니다. 담당자도 디자이너도 매우 힘든 상황이죠. 수정 기간에는 늘 긴장을 풀지 말아야 합니다.

2차 피드백 전달, 최종 시안 수령
경험상 3차에서 끝나는 경우는 극히 드물었습니다. 보통 10차, 15차…(덜덜덜…). 하지만 기획 단계를 잘해놓으면 수정이 지나치게 많아지는 상황을 조금은 예방할 수 있었습니다. 어떻게 기획해야 하는지는 앞으로 차근차근 말해보겠습니다. 최종 시안이 나오면 일단 해당 시안의 PDF 파일과 원본 제공 여부를 확인한 뒤 PSD, AI 파일을 전달받습니다. 유료 폰트가 사용됐을 경우

텍스트를 깨서 받는 게 원칙이죠. 마음대로 유료 폰트를 파일로 공유할 수 없습니다. 이 단계에서는 원래 저작권과 더불어 사용처 등의 제한에 대해서도 언급되어야 합니다. 포스터를 제작했는데 해당 AI 파일을 현수막, 티셔츠 등에 마구 쓰는 것은 엄연히 사용 범위 위반이니까요. 미리 어디어디에 사용할지 협의하도록 합니다. 괜히 나중에 티셔츠에 인쇄되어 돌아다니는 걸 본 디자이너가 임의 수정 및 목적 외 사용 건으로 막 따지고 내용증명을 보내면 음…. 진땀 흘리게 될지도 모를 일이에요.

비용 처리

계약금을 미리 보냈을 것입니다. 혹시 안 보내셨나요? 나쁜 사람…. 최종 산금 지불까지 무사히 끝나야겠죠. 세금계산서에 어떤 내용으로 기재해야 하는지, 어느 메일 주소로 청구/영수 중 어떤 형식으로 보내야 하는지 정합니다. 지불은 업무지원 팀 등에서 진행하기 때문에 특정 일자에 순차적으로 입금되는 게 보통입니다. 꼭 한 날짜에 들어가기는 어려우니 대략적인 입금 시기를 공지하는 것이 예의입니다.

감사 메일

일이 끝났으면 서로 수고했다, 고생하셨다고 훈훈하게 마무리하는 게 어떨까요. 물론 일하는 내내 원수 같고 뭐 저런 사람이 다 있냐고 느낄 수도 있겠지만, 어쨌든 힘든 일을 함께한 사람입니다. 일을 하는데 어찌 한 사람만 힘들겠습니까. 같이 일하면 다 같이 힘든 법이죠. 서로를 위해 고생했다는 얘기 정도는 나누고 헤어져야 돈독한 자본주의 우정이라도 남는 것 아니겠습니까.

열정보다 중요한 게 있습니다

: 디자이너 채용의 비밀

외주를 맡기는 것과 내부 디자이너를 뽑는 것은 엄연히 다릅니다. 포트폴리오만 보고 '오, 잘하네?' 싶어서 덥석 채용하면 추후에 지난날의 면접 시간을 되돌리고 싶을 수도 있어요. 디자인을 못해서가 아닙니다. 업무의 결이 너무 안 맞아서 갈등이 생기는 경우가 대부분이죠. 한때 신입사원의 필수조건이었던 열정과 꿈, 도전정신은 잠시 접어두어도 좋습니다. 일반적으로 생각하는 디자이너의 창의성도 잠시 접어둡시다. 디자인은 번뜩이는 감으로 하는 게 아니니까요. 디자인은 논리로 합니다. 맥락을 파악하고 설득할 수 있어야 하며 결과를 내야 하죠. 따라서 마케터와 말은 통하는지, 서비스를 이해하고 있는지, 고객의 특성을 이해하고 있는지, 업무의 흐름을 파악할 수 있는지, 손은 빠른지, 협업이 가능한지가 더욱 중요합니다. 이러한 역량을 알아볼 수 있는 몇 가지 질문을 살펴보도록 합시다.

작업 프로세스 질문하기

"이 시안을 설명해주실 수 있으세요?"

"이건 K사 광고 공모전에서 수상한 작품이고, 콘셉트는 귀여운 모바일 게임이었던 터라 타깃층에 맞춰서 컬러를 구성했습니다. 왼쪽에서부터 시선이 흐른다는 것을 생각해서 이렇게 내용을 배치했고, 전체적인 컬러톤은 이미지와 맞춰서…."

이거 아니죠. 시안에 대한 구체적인 설명은 면접에서는 딱히 중요한 요소가 아닙니다. 시안에 대한 디테일은 본인이 알아서 하면 될 일입니다. 우리에게 필요한 건 다른 요소입니다. 좀 다른 질문으로 바꿔보겠습니다.

"이 시안의 작업 과정은 어땠나요? 기획부터 제출까지 간략하게 프로세스를 알려주세요."

"음… 일단 기획 단계는 참여하지 않았고, 내용과 시안을 메일로 받아 담당자와 연락하면서 진행했고…."

말을 유창하게 잘하는지는 둘째 문제입니다. 프로세스에 대해 스스로 설명할 수 있는지가 더 중요하죠. 어떤 과정을 거쳐서 시안이 완성되었고 해당 시안을 진행하면서 어떤 갈등이 있었는지, 어떻게 갈등을 해결했는지 구체적으로 물어보는 것이 훨씬 좋습니다.

작업의 이해도 질문하기

"저희 부서가 어떤 일을 하고 있는지 설명해드릴게요. (중략) 이와 같은 업무에서 본인이 가장 크게 역량을 발휘할 수 있는 부분과, 협업이 필요한 부분은 무엇일까요?"

디자이너를 뽑을 때 가장 크게 실수하는 부분은 '실력'을 보려고 하는 점입니다. 실력 그 자체도 물론 중요하겠지만 무엇보다 우리에게 필요한 디자이너는 우리의 제품과 서비스의 장점을 잘 살려내 체계적이고 시각적으로 설계하는 사람입니다. 화려한 포토샵 스킬과 멋들어진 목업 이미지에 혹하지 않도록 합니다. 우리가 어떤 일을 하고 있는지 설명해줍시다. 전체적인 흐름 위에서 당신이 어떤 역할을 할 수 있는지 물어보도록 합시다. 또한 업종에 대한 이해, 업무 카테고리에 대한 이해, 타 부서와의 유관성에 대한 이해가 있는지 물어보도록 합시다.

물론 주니어의 경우엔 모를 수도 있습니다. 처음 경험하는 것일 수도 있으니까요. 그렇다 해도 '디자인은 내가 하는 것이니 누구든 건드리면 컴퓨터를 꺼버릴 것이다'라는 고집만 있다면 좋지 않겠죠. 동료와의 업무 연관성에 대해 이해하고 있는지,

협업하며 겪었던 다양한 상황과 본인만의 결론들에 대해 이야기를 나누어봐야 하겠습니다.

좋은 질문에서 좋은 대답이 나옵니다. 상대방이 여러분의 사업을 분명하게 이해하고 자신의 위치를 그릴 수 있도록 잘 설명해야 하는 것이 여러분의 의무입니다.

특화된 영역 질문하기

디자이너의 메인 영역을 확인합시다. 같은 그래픽 디자인이라고 해서 한 명의 디자이너가 모든 것을 다 잘할 수 있는 것은 아닙니다. 특히 인쇄물 작업을 잘하는 디자이너가 있고 디지털 콘텐츠에 특화된 디자이너도 있습니다. 웹에도 플랫폼 서비스와 랜딩 페이지의 난이도가 다르고 기획 단계도 확연히 다릅니다. 나에게 필요한 디자인 업무가 무엇인지 먼저 확인해봅시다.

- 투자 유치, 영업 단계에서 제안서가 많이 필요하다.
- 제품 개발 등 하드웨어와 패키지가 중요하다.
- 온라인숍의 상세 페이지, 제품 사진 촬영 등이 중요하다.
- 웹서비스 기반으로 한 웹 기획이 더 중요하다.
- 콘텐츠 서비스가 주 사업이라서 디지털 콘텐츠 제작이 중요하다.

이렇게 구체적인 메인 디자인 업무를 파악한 뒤 디자이너에게 해당 직무에 대한 레퍼런스와 이해도를 물어보는 것이 중요합니다.

- 저희는 온라인숍을 운영하고 있고, 주로 상세 페이지와 상품 소개 콘텐츠가 많은데 이와 같은 경험이 있나요?
- 만약 없다면 인상 깊게 봤던 상품 소개나 그 반대의 레퍼런스가 있을까요?
- 이런 상품 소개를 위해 디자인적으로 가장 중요하다고 생각하는 부분은 무엇인가요?
- 디자이너로서 디자인에 가장 신경 쓰는 부분은 어떤 부분인가요?
- 본인이 잘하는 영역이 현재 저희 서비스에서 어떤 점을 개선해줄 수 있을까요?

이 같은 질문들로 흘러가야 좋습니다. 특히 이런 질문에선 디자이너로서 가장 중요하게 여기는 요소와 디자인 실력 자체에 대한 이야기를 주로 하게 됩니다. 단순한 '디자인부심'을 넘어서 실제로 내가 가진 능력과 중요하다고 생각하는 부분이 서비스나 상품에 정확히 어떤 영향을 미칠 수 있는지 연관 지어서 말하는 사람이면 아주 좋을 것입니다. 또한 소비자의 시각과 언어에 익숙한 사람이라면 더욱 훌륭합니다. 만약 역량이 충분하지 않더라도 스스로 성장하고 도전할 의지가 충분하다면 재고의 대상이 될 수 있습니다. 처음부터 잘하는 사람은 없으니까요.

중간중간 다른 질문을 섞더라도 위의 세 가지에 대한 질문은 빼놓지 말고 던지도록 합니다. 면접은 디자인 퀄리티와 개인의 가치관을 검열하는 시간이 아닙니다. 반드시 기억해야 하는 건 '디자이너를 뽑는다'는 개념보다는 '함께 일할 사람을 뽑는다'는 포인트입니다. 이를 중심에 두고 채용을 고민해봅시다.

웹디자인도 하시는 줄 알았는데
: 디자인의 종류와 영역

"디자이너시잖아요."

"아니, 그건 전혀 다른 종류의 디자인이에요."

"그냥 살짝만 손대주시면 돼요. 크게 바꾸는 게 아니라서."

"크게 바뀌는 거예요. 저 부분만 살짝 바꾼다고 되는 것도 아니고, 저걸 건들면 다른 것들 밸런스도 다 무너진다고요. 그리고 정확히 어떻게 만드는지 잘 몰라요."

"보통 이런 거 다 할 줄 아는 거 아닌가. 저것도 포토샵으로 만드는 거잖아요."

"포토샵이긴 한데, 그게…. 흠."

패키지 디자인에 참여한 디자이너에게 문득 웹페이지 수정을 맡겼습니다. 클라이언트는 생각했습니다. '어차피 다 포토샵으로 하는 건데 그거 조금 수정해서 그냥 올리면 되는 거 아닌가? 몇 번만 클릭하면 되는데.' 그냥 일이 많아질까 봐 안 해주나 싶어서 간단하게 하나만 손대면 된다고 했는데도 디자이너는 완강합니다. '진짜 하기 싫은가? 아니면 실력이 없는 건가?'

디자인이라고 다 같은 디자인이 아니다

디자인의 영역은 엄청나게 큽니다. 삼성에 다니는 마케팅수석 팀장에게 '아니, 왜 삼성에 다니고 있는데 재무회계를 못해? 엑셀 만질 수 있잖아? 회계도 엑셀로 하는 거 아냐? 실력이 없는 건가?'라고 말하는 상황과 비슷하죠. 삼성에 다닌다고 해서 삼성의 모든 일을 다 할 수 없듯이 디자인도 아주 세분화된 영역으로 구분되어 있습니다. 그리고 그 영역별로 필요한 기초 지식과 역량이 모두 다르게 구성되죠. 기본적인 툴을 공유하는 것은 맞지만 포토샵과 일러스트레이터를 쓴다고 해서 모두 다 만들어낼 수 있는 것은 아니죠. 식칼을 쓸 줄 안다고 해서 우리 모두 게딱지를 분리하고 복어를 손질할 수 있는 것은 아니니까요. 난이도와 퀄리티를 떠나서 화면을 분할하고 쪼개는 방법부터 다르고 업무의 프로세스도 다르고 사용하는 언어도 다릅니다. 디자인의 영역은 엄청나게 많지만 흔히 비즈니스에서 많이 다뤄지는 디자인을 다섯 가지로 분류해 보았습니다.

편집 디자인

편집 디자이너는 PPT 전문가가 아닙니다. 엄밀히 말하면 PPT는 디자인과 조금 다른 영역에 있습니다. 분명 PPT는 시각화 툴이긴 하지만 오피스 프로그램이지 예술이나 디자인 요소를 중점에 둔 프로그램이 아닙니다. 게다가 프레젠테이션 자료는 디자인보다 기획, 구성, 콘텐츠, 플로우(flow)가 훨씬 중요해서 그저 PPT 슬라이드 구성만 해달라고 하면 디자이너는 머리를 긁적일 수밖에 없습니다. 편집 디자인은 사보, 매거진, 도서, 프로그램 북, 도록, 브로슈어 등 디지털 또는 종이 인쇄물로 나올 수 있는 분야를 다룹니다. 그런데 회사 소개서나 제품 소개서는 다른 영역이므로 사전에 가능한지를 물어봐야 합니다. 생각보다 많은 디자이너들이 PPT를 잘 다루지 못합니다. 소개서나 제안서는 디자인 역량보다 플로우 기획이나 텍스트를 다이어그램으로 전환하는 등 논리적인 사업의 이해를 필요로 합니다. 영역이 좀 다르죠. 보통 편집 디자인은 인디자인이나 일러스트레이션을 활용해 인쇄용 파일을 만듭니다. 최근엔 시길(sigil) 등을 활용한 전자책 퍼블리싱, 마크다운(Mark-down)을 활용한 웹텍스트 콘텐츠 등 텍스트를 활용해 가독성과 심미성을 높이는 다양한 작업을 포함하고 있죠. 일반적으로 편집 디자인은 글을 수정하거나 직접 작성하는 업무는 포함하지 않지만 출판사 에디터처럼 내용 수정, 교정, 디자인까지 한꺼번에 담당하는 분들도 더러 계십니다. 이것은 개인의 역량이니 굳이 누군 하는데 넌 왜 못하냐고 비교할 필요는 없을 것입니다.

그래픽 디자인

사실 그래픽 디자인은 모든 영상, 콘텐츠, 편집, 웹 등 시각화 영역을 통칭하는 말입니다. 그런데 업무에서 말하는 그래픽 디자인이란 흔히 포스터, 엠블럼, 로고, 행사용 현수막, 배너, 명함 등의 제작을 위한 상업용 디자인을 지칭하는 말이 되었습니다. 보통 포스터나 키 비주얼(Key Visual), 상세 페이지, 광고용 이미지 제작 등의 아트워크·구성 작업을 의뢰하는 경우가 많습니다.

영상 디자인

여러분이 생각하는 그 영상입니다. 유튜브용 콘텐츠나 클립 영상, 브랜드 영상을 위한 기획, 보정, 편집까지의 역할을 의미하죠. 모션그래픽은 영상과 다른 영역입니다. 3D 영상도 다른 영역입니다. 브이알(VR)도 다른 영역이죠. 촬영이 반드시 포함되는 것은 아닙니다. 대부분은 편집과 결과물 추출 영역만을 의미하는 경우가 많아요. 촬영 소스는 촬영 팀에서 따로 해야 하죠.

하지만 최근엔 촬영 작업까지 함께 진행하는 분들이 많아졌습니다. 오히려 디자이너보다 피디, 포토그래퍼, 편집자가 영상의 전반을 만드는 경우가 더 많습니다.

UX 디자인

사용자 경험(UX, User Experience) 디자인. UX는 당초 컴퓨터와 사람의 관계에서 사용자 관점의 편의와 효율을 높이는 디자인을 의미하는 단어였습니다. 인지심리학자였다가 애플 부사장으로 재직한 도널드 노먼이 1993년 명함에 'User Experience Architect(사용자 경험 설계자)'라는 직함을 사용하며 알려지기 시작했죠.

닐슨 노먼 그룹은 사용자 경험을 "사용자가 기업, 서비스, 제품과 상호작용하면서 얻는 모든 측면의 경험"이라고 정의 내렸습니다. 시간이 흐르면서 UX는 단순히 웹이나 앱을 가리키던 데서 벗어나 다양한 채널과 수단을 고려한 방대한 영역으로 단어의 쓰임새가 점점 넓어지고 있습니다. 이제는 컴퓨터와 인간을 넘어 온·오프라인 공간에서 인간과 인간, 인간과 공간, 인간과 환경 등 다양한 관계의 상호작용을 의미하기도 합니다. 그 목적 또한 기업의 매출 증대와 고객 유치에서 사회적 문제 해결, 서비스 가치 극대화, 부가가치 창출 등 좀 더 높은 단계로 변화하고 있습니다.

그러나 일반 회사에서는 그저 웹·앱 서비스 구축과 기획·제작 단계의 디자이너를 의미하는 경우가 많습니다. 이때 중요한 점은 UX 디자인은 '기획 단계'를 반드시 포함한다는 점입니다. 따라서 어도비XD나 포토샵, 스케치를 다루는 역량뿐 아니라 사용자와 서비스를 모두 이해하고 설계할 수 있는 사람이어야 합니다.

UI 디자인

명칭은 UX와 비슷하지만 다른 영역입니다. 보통 UX는 경험이라는 조금 포괄적인 영역을 다루지만 UI(User Interface)는 사용자의 실제 수동적·능동적 인터랙션이 일어나는 구성 요소를 설계합니다. 앱 화면, 랜딩 페이지 버튼, 각 서비스 메뉴 창의 위치나 넘기는 방식, 보여주는 방식 등을 디자인하죠. 사용 편의성 개선과 사업자의 특정 목표 달성을 위해 일종의 약속, 신호, 규칙을 만들어내는 설계자와 같습니다. UI만 다루는 분들이 있고 UX와 UI를 함께하는 분들도 있으니 구별해서 의뢰를 진행하는 것이 좋습니다.

오늘도 밤을 찢는다
: 디자이너가 야근하는 이유

새벽이 되어도 페이스북의 초록불이 꺼질 줄 모르는 우리 디자이너님. 클라이언트에게 종종 새벽 2시에 카톡을 보내기도 하고, 메일함을 보니 새벽 4시 35분에 시안을 보내놓기도 합니다. 이분들은 잠을 자지 않는 것일까요? 왜 낮엔 거의 넋이 나간 채로 일을 하면서 밤엔 자질 않는 걸까요. 디자이너 중 야행성이 많은 것은 익히 알려진 사실입니다. 의외로 이유는 단순합니다. 건들 사람이 없는 시간이기 때문이죠. 집중력이 높아지고 음악을 들으며 잠옷 차림으로 편하게 몰입할 수 있는 시간이니까요. 하지만 그 외에도 몇 개의 이유가 더 있습니다. 디자이너는 왜 밤에 일하는지, 밤에 도대체 뭐하는 건지 엿보도록 합시다.

원래 그냥 밤에 잘된다

보통 디자인을 하기 위해서는 반드시 '크리에이티브 요정'이 있어야 합니다. 그 요정님은 수줍음이 많으셔서 낮에는 그 모습을 드러내지 않는데, 해가 지고 모두 집에 들어가 침대에 누울 때면 그제야 슬며시 마음속 어딘가에서 신호를 주시죠.

'안녕?'

요정님이 오시면 갑자기 포토샵을 켜게 되고 레이어를 추가할 수 있습니다. 잠들어 있던 어떤 새로운 자아가 깨어난 느낌이고 머리색이 변하는 듯한 느낌도 듭니다. 혹시라도 크리에이티브 요정님이 '새벽 감성 신령'님과 함께 등장하시면 좌요정 우신령 모드로 격한 디자인 파워를 발휘할 수 있습니다. 물론 아침에 일어나 다시 보면 술 먹고 쓴 페이스북 포스팅 같기도 하지만, 새벽 감성의 힘은 꽤나 강력해서 속도와 창의성 면에서 꽤나 좋은 추가 효과를 제공합니다.

수천 개 폰트 다 의미 없다

예쁜 폰트를 찾아야 하는데 이 폰트 저 폰트 다 찾아봐도 맘에 안 드는 경우입니다. 보통 디자이너들은 사랑하는 몇 가지 폰트가 정해져 있고 일반적인 텍스트는 그것만 쓰기 마련입니다. 하지만 종종 아트워크를 해야 할 때는 아웃라인을 따서 이래저래 편집하는 경우가 있는데 그것에 어울리는 폰트를 찾는 데는 참으로 많은 시간이 소요됩니다.

사진은 어디에 있는가

대부분 디자인 작업은 이미지를 찾는 데 많은 시간을 쏟게 됩니다. 내가 원하는 사진을 찾기 위해 외국의 저작권 프리(free) 사이트를 뒤지는 일은 못 잡아도 1~2시간 이상 걸립니다. 고화질 사진인 만큼 로딩도 빠릿빠릿하지 못하고 한국 감성과는 동떨어진 사진들이 많아서, 단순히 '해가 떠오르는 사진' 하나를 찾으려 해도 검색어 'Sunrise'로는 역부족입니다. 수많은 외국 사진에서 동해안 느낌이 나는 사진 한 장을 찾아내느라 꽤나 오랜 시간을 허비할 수 있습니다. 딴짓하는 게 아니라 진짜 이미지를 못 찾고 있는 것이죠. 나중에는 막 합성도 하고 보정도 해보지만 원본 자체가 엉망이면 예쁘게 반죽한다고 될 일이 아닙니다. 놀라운 사실은 이렇게 수많은 사진을 뒤진 후에 결국 결정하는 건 다시 1페이지의 사진일 가능성이 높다는 것입니다.

장비발은 허세가 아니었다

장비 때문에 디자인이 '폭망'하는 경우는 생각보다 자주 있습니다. 첫 번째는 뭔가가 열리지 않거나, 아니면 작업이 날아가는 것입니다. 둘 다 망했다는 것에는 차이가 없으니 굳이 구별할 필요는 없을 듯하네요. 두 번째는 작업 속도가 느린 경우입니다. 저장 하나에도 5분씩 걸린다든지 다른 프로그램을 모두 꺼야

저장이 가능한 경우도 있으니 디자이너의 장비는 좋은 사양으로 세팅해주는 것이 고용자 입장에서도 좋은 선택일 것입니다.

컴퓨터 사양 때문에 고민하는 분이라면 이것을 기억해보세요. 일반적으로는 시피유(CPU)와 램(RAM), 그래픽카드 등의 성능만 보지만 고가의 장비라고 해서 무조건 좋은 것은 아닙니다. 디자이너는 생각보다 이런저런 프로그램을 많이 띄워놓고 일을 하는데, 연산속도가 빠른 i7급 CPU와 32기가바이트(GB) 이상의 RAM, 1테라바이트(TB) 대용량 SSD 정도면 충분할 듯합니다. 그래픽카드는 사실상 2D 부분에서는 크게 차이가 나지 않아 그래픽 면에서 대단한 성능을 기대하기는 힘듭니다. 다만 지피유(GPU)를 사용해 작업 처리를 효율적으로 만들 수 있으므로 그래픽카드의 GPU는 2~4GB 이상이면 적당합니다. 가급적 모니터는 UHD 화질의 32인치 이상이 좋습니다.

크리에이티브 요정은 수명이 짧다

사람마다 다르지만 보통 한번 장인정신이 강림하면 몇 시간 동안 극한의 집중력을 발휘할 수 있습니다. 하지만 부작용이 꽤 큰 편입니다. 에너지가 고갈되고 나면 하얗게 재만 남는데, 당분간 제정신으로 일할 수 없으며 일의 속도가 급격하게 느려지고 사고능력이 저하되는 등 심리적 무정부상태 또는 주화입

마 비슷한 상태가 됩니다. 더 이상 뭐가 생각나지도 않고 생각하기도 싫은 지경이 되어 충전까지 다소 시간이 걸리기도 하죠. 이 시기를 빠르게 이겨내는 것 또한 디자이너의 역량이기도 합니다. 케이크와 커피, 밀푀유 등으로 급속 충전을 시킬 수도 있습니다.

장기판에 훈수꾼이 찾아오신다

회사에 속해 있는 인하우스 디자이너의 경우 몇 시간 동안 자간 맞추고 그리드 맞춰 아트워크 해놓으니 지나가던 훈수쟁이 님이 "그거 좀 잘 안 보이지 않겠어?" 한마디 하고 쓱 지나갑니다. 슬프게도 훈수쟁이는 대부분 디자이너의 윗사람입니다. 다시 해야겠죠. 물론 이 훈수가 꽤나 도움이 되면 좋겠지만 문제는 정작 원하는 대로 수정해갔더니 "에이… 아까 그게 낫다"라고 한다면 매우 화가 날 것 같네요. 만드는 시간만큼 똑같이 복귀하는 데도 시간이 걸립니다. 그래서 센스 있는 디자이너라면 아예 파일을 버전별로 따로 만들어놓는 것입니다.

팀장_훈수1버전.psd

부장_훈수2버전.psd

수석_훈수3버전.psd

상사 또는 클라이언트 입장에서 디자이너에게 피드백을 줄 수 있습니다. 이는 당연한 일이죠. 그러나 함께 진지하게 생각하고 의견을 정리해서 제안하는 것이 서로를 위해 더 편하지 않을까요. 그냥 지나가다가 눈에 보인다고 툭툭 던지면, 시간 지나 정작 본인도 기억 못하고 디자이너도 빠뜨릴 위험성이 높아지죠. 서로에게 아름답지 못한 결과입니다. 협의와 고민을 동반한 피드백이 필요합니다.

자료를 안 준다

자료가 와야 그걸로 디자인을 할 것이 아니겠습니까. 항상 오늘 준다던 자료는 내일 정도에 오거나 퇴근할 무렵에 오는 징크스가 있었습니다. 왜 그럴까… 살펴보니 그 자료라는 게 대개 이렇더라고요.

① 항상 흩어져 있거나
② 그도 다른 팀에서 받아야 하거나
③ 없어서 새로 만들거나
④ 도무지 이해하기 어려운 수준이거나
⑤ 구멍이 너무 많은 상태

추가적으로 이런 경우도 있었습니다. 자료를 주는 쪽에서도 어서 퇴근을 하고 싶었던 것이죠. 4시 정도에 자료를 넘기면 그다음 또 새로운 일을 해야 하는데 시간이 좀 애매한 겁니다. 새로운 걸 시작하자니 하다가 중간에 끊길 듯하고, 아무것도 안 하자니 맘이 불편한 두 시간. 그러니 기왕이면 퇴근시간 맞춰서 '오늘 할 일은 여기까지!'로 끝내는 게 깔끔했던 것입니다(본인에게만). 하지만 이유가 무엇이든 퇴근시간 무렵에 자료를 받은 디자이너는 그때부터 일을 시작해야 합니다. 업무의 선후관계 때문에 벌어지는 불가피한 상황이지만 디자이너에게도 퇴근시간이 있다는 사실을 배려해준다면 좋겠습니다.

이상한 존재가 내 책상에 놓여 있다

협업은 말은 아름답지만 현실은 잔혹한 경우가 많습니다. 조별과제처럼 누군가 이리저리 빠져나가고 게으름을 피우는 종류의 괴로움도 있지만, 상대방이 열심히 노력해서 만들어준 결과물도 가끔은 힘겨운 시련으로 다가올 때가 있습니다. 누군가가 대략 시안을 잡아서 넘겨줄 테니 툴 작업만 해달라기에 오후 6시에 시안을 받았더니, 이 세상의 것이 아닌 듯한 무의식의 청사진 같은 것이 손에 쥐어져 있는 경우죠. 결국 모든 것은 '무'로 돌아가고 공허의 장막을 들추며 다시 내 야근의 미래를 엿보게 됩니다. 무슨 말인지 처음부터 다시 해석하고 다시 물어보고 퍼즐을 짜 맞추며 시간을 보내게 되죠.

　디자이너 입장이라면 중간중간 나에게 줄 무언가를 만드는 사람의 자리를 기웃거리며 뭘 어떻게 만드는지 스캐닝을 한번 해봅시다. 말도 안 되는 오더를 만들고 있다면 그냥 웃으면서 좋게 얘기해봅시다. '저, 지금 조금 시간 남는데, 이 부분 제가 할게요!~'라고 뒤에 물결표를 붙여 친근하게 다가가면 관계와 퇴근을 모두 지킬 수 있습니다. 이해하기 힘든 기획안보다는 내가 직접 레이어 하나 더 만드는 게 빠르고 쉽죠.

애당초 디자인은 삽질이 많다

최대한 효율적으로 일을 한다고는 하지만 디자인 종류에 따라 무한 단순 반복 작업이 계속되는 경우가 많습니다. 일러스트로 하나하나 선을 따서 일일이 건물을 만들어야 하는 경우도 있고, 복잡한 배경에서 필요한 이미지만 잘라내는 '누끼' 작업이 수백 개인 경우도 있습니다. 특히 UX 디자인의 경우엔 하나하나 이미지로 추출하는(export) 데 드는 물리적 시간을 무시할 수 없습니다. 물론 요즘에는 좋은 프로토타이핑 툴이 많이 나왔지만 모든 디자이너가 좋은 툴을 다룰 수 있는 것은 아니므로 개인차가 존재하죠.

디자인 오픈 소스를 활용해서 그냥 만드는 경우도 있지만 보통 사람들의 생각처럼 그냥 다운로드해서 붙이면 되는 방식이 아닙니다. 그런 소스가 있다면 저도 두 손을 들고 만세를 부를 듯하네요. 대부분의 소스는 후가공을 직접 해야 하는 형태라서 다운로드 후에 다시 많은 시간을 들여 재구성해야 합니다.

　또 디자인이란 게 실체가 나오기 전까지는 생각만으로 좋은 시안인지 아닌지를 구별하기 어렵습니다. 그래서 좋은 생각이 떠오르면 일단 대충이라도 한번 만들어봐야 하죠. 아쉽게도 생각으로는 멋졌는데 만들어보니 별로인 경우가 상당히 많습니다. 한 개의 시안을 뽑기 위해 수많은 '아 별로네…' 시안을 만들어야 합니다. 하나 만드는 데 아무리 빨라도 1시간은 훌쩍 넘길 텐데 4~5개만 궁리해본다 쳐도 반나절이 지나갑니다. 결과가 하나라고 과정도 하나는 아닙니다.

수정은 단순히 '딱' 바꾸는 게 아니다

보통은 수정이 초본보다 시간이 덜 걸린다고 생각하는데, 그 정도와 종류에 따라 오히려 초본보다 오래 걸릴 수 있습니다. 초본은 백지에서 시작하지만 수정은 정해놓은 틀을 깨면서 재정비를 해야 하기 때문이죠. 새로운 요소가 들어가면 다른 요소를 모두 편집해야 하는 상황이 생기기도 합니다. 집 청소를 생각해봅시다. 빈방에 처음 이사해서 짐을 집어넣는 일과 기존에 있던 짐을 다 빼고 대청소를 한 뒤 다시 집어넣는 일 중 무엇이 더 오래 걸리겠습니까. 단순히 벽지 하나 바꾼다 해도 모든 물건을 다 빼고 옮겨야 합니다. 디자인도 똑같죠. 폰트가 하나 커지면 나머지 영역의 크기도 모두 조정해야 합니다.

업무 전체 시간이 1이라면 수정 시간은 0.8 정도로 유지합니다. 수정 작업이 간단하게 끝날 것이라는 생각은 디자이너와 클라이언트 모두에게 크나큰 변수로 작용할 위험성이 '상당히' 높습니다.

재랑 일할 땐 왜 힘들까
: 디자이너를 둘러싼 사람들

디자이너는 혼자 일하지 않습니다. 외주만 받아서 일하는 1인 기업이라고 해도 웹 작업을 할 때는 퍼블리셔, 행사 디자인을 할 때는 기획자, 온드 미디어 디자인일 때는 마케터와 소통해야 합니다. 또한 클라이언트 측의 타 부서 직원과도 커뮤니케이션해야 힐 일이 상당히 많죠. 꼭 디자이너가 아니라도 나른 부서의 사람과 손을 맞대는 것은 누구에게나 어려운 일입니다. 해당 직무에 대한 이해도가 당사자만큼 깊지 않을뿐더러 중요하게 생각하는 요수가 서로 다르기 때문에 이 결을 맞추지 못하면 겉도는 커뮤니케이션이 되거나 반복과 수정만 계속하다 지치기 마련입니다. 다 큰 어른들인 만큼 주먹의 대화를 쉽사리 할 수도 없는 노릇이고, 멱살 잡아 해결될 문제였다면 커뮤니케이션 관련 서적이 서점에 널려 있지도 않았겠죠.

  기획자, 마케터, 개발자, 홍보 담당자 등 다양한 직군과 직접

적으로 연관된 디자이너는 디자인뿐 아니라 업무가 돌아가는 그림을 멀찌감치 바라볼 수 있는 제3의 눈이 필요합니다. 해당 직무를 모두 이해하고 습득하기는 불가능하고, 이해한다고 해도 스타일의 차이 때문에 발생하는 갭도 무시할 수 없습니다. 이번엔 여러분 회사 내의 디자이너, 또는 외주 디자이너가 여러분 회사의 다른 직무 직원과 함께 일할 때 어떤 점이 중요한지 알아보겠습니다.

디자이너와 기획자가 함께 일한다

항상 모든 일에는 순위가 있습니다. 대부분은 맞물려서 함께 돌아가는 구조이긴 하지만 먼저 기획이 나오고 그다음에 디자인이 나오는 것이 상식이죠. 이 경우에는 기획자가 디자이너 앞에 있는 구조입니다. 이때 염두에 두어야 할 것에는 세 가지가 있습니다.

1. 기획 의도와 콘셉트

교육 프로그램, 행사, 브랜딩 등 기획에는 반드시 그 전체 기획안을 관통하는 콘셉트와 기획 의도가 존재하기 마련입니다. 만약 이게 없다면 기획자를 형벌에 처해야겠죠. 디자이너는 기획자가 만든 기획 의도를 정확하게 파악해내야 합니다. 기획안에 적힌 목적과 목표만으로는 부족합니다. 대화를 통해 중심을 잡아야 할 부분이 무엇인지 확실하게 파악해야 합니다. 기획자는 디자이너가 무슨 말인지 알아들을 수 있게 명쾌한 언어와 쉬운 표현으로 기획안을 구성해야 합니다. 이때 디자이너를 가장 힘들게 하는 요소는 바로 추상적인 단어들입니다. '고객에게 가치를 전달하고, 행복한 삶을 제공한다' 등과 같은 우주적인 표현들이 원흉이죠. 디자이너에게 전달할 때는 적어도 '본 서비스를 통해 건강하고 규칙적인 운동/식습관을 제공하고, 이를 통해 어제보다 한결 나아진 삶의 변화를 제시한다'와 같은 식으로 표현해줘야 합니다. 무엇을 통해 무엇을 제공하고, 무엇을 기준으로 어떻게 변화하는지에 대한 정보가 있어야 이미지를 그려낼 수 있습니다.

2. 제작물 리스트

기획은 한 번 만들면 영원불멸하는 것이 아닙니다 끊임없이 수정되고 바뀌면서 무한의 최종 파일을 만들어냅니다. 이는 디자이너에게도 고역이 아닐 수 없습니다. 일단 기획을 완성하기 위해 필요한 제작물에는 정확하게 어떤 것들이 있는지 리스트를 만들어야 합니다. 특히 행사 기획 쪽이라면 엠블럼, 키 비주얼부터 포스터, 티켓, 랜딩 페이지, 홍보용 카드뉴스, 제작물,

부스 배너, 비표, 안내판 등 엄청나게 다양한 디자인 제작물이 발생하겠죠. 이에 대한 리스트가 정리되어 있지 않아 시안을 빼먹거나 놓치거나 날리면 거친 소리가 오가는 결과가 발생하기 십상입니다. 과업에 대해 정확하게 정리해주세요. 그래야 디자이너도 한꺼번에 쳐낼 일들을 묶을 수 있고 더 효율적인 일처리가 가능해집니다.

3. 기한

기획자는 한 명이라도 기획이 완성되는 과정에는 수많은 외부 업체, 내부 직원이 동원됩니다. 수많은 사람들이 맞물려 돌아가다 보니 서로의 기한을 맞추지 못하면 일이 줄줄이 밀리는 사태가 발생합니다. 2번과 연관된 얘기이지만, 제작물 리스트를 작성할 때 반드시 데이트 라인(Date-Line)을 만들어서 언제까지 무엇을 끝내야 하는지 확실하게 정리합시다. 사실 제대로 정리해도 밤샘과 허겁지겁 돌발 상황이 발생하기 마련입니다. 하물며 정리가 안 되어 있다면…. 그 결과는 상상하고 싶지 않네요.

디자이너와 개발자가 함께 일한다

아아… 이 천년을 돌고 도는 숙명의 관계여. 태곳적부터 서로 다르게 태어난 이 음양의 존재들은 서로의 문화와 언어 차이를

극복하지 못하고 끝끝내 앙숙이 되어버리고 말았습니다. 디자이너는 이렇게 '슈욱' 날아와서 '탁!' 한 뒤 '휘리릭 짠!' 변하는 효과를 말하는데 개발자는 고개를 가로젓는 그런 상황들이 영원히 반복되죠. 세 가지만 유념합시다.

- 프로토타이핑 툴을 쓰자.
- 아니면 레퍼런스로 말하자.
- 사후에 변경될 수 있는 부분을 미리 고지해주자.

일단 디자이너와 개발자는 언어 자체가 다르므로 뭔가를 서로 설명하고 이해하기 위해서는 보디랭귀지나 시각 정보를 활용하는 것이 현명하겠습니다. 그러니 보여줍시다. 요즘은 기가 막힌 프로토타이핑 툴이 상당히 많이 나왔습니다. 도저히 툴에 일일이 얹어서 보여주기 어려운 상황이라면 어떤 효과인지 이미 만들어진 예제를 가져와서 직접 보여줍시다. 더불어 개발은 디자인만큼이나 시간이 오래 걸리는 일입니다. 하나가 바뀌면 우르르 수정되어야 하는 부분도 있고, 엄연히 일의 순서라는 것이 존재하죠. 개발자에게 이미지를 얹는 과정은 추후에 진행해도 될 부분입니다. 디자이너가 이미지 수정만 천년만년 잡고 있으면 프레임도 제대로 못 잡고 시간만 계속 흘러가는 상황이 발생합니다. 사전에 어느 정도까지만 잡아주면 되는지 업무 분장을 명확히 합시다. '이미지 제작은 나중에 해주셔도 되고 일단 위치부터 잡아주세요'라는 식으로 서로에게 지금 필요한 일이 무엇이고, 이 다음 단계의 일은 무엇인지 맞춰보도록 합시다. 개발자라고 해서 모두 같은 업무 플로우를 지니고 있진 않습니다. 개인차가 있을 수 있으니 대화를 합시다.

디자이너와 홍보 담당자, 마케터가 함께 일한다

홍보(PR) 담당자와 마케터는 엄연히 차이가 있습니다. 하지만 전체 결로 봤을 때 유사한 부분 또한 있으므로 한 궤로 묶어보았습니다.

1. 보여줄 것을 보여주는 디자인

홍보 담당자가 가장 기본으로 하는 업무는 '언론 대응'입니다. 회사 외부로 소식을 알리는 보도자료는 핵심이라고 할 수 있습니다. 이 보도자료를 제작할 때 중요한 요소 중 하나가 바로 이미지입니다. 보도자료에 쓰이는 이미지는 사진, 인포그래픽 등 다양한 종류로 시도되는데, 이 업무를 홍보 담당자와 디자이너 중 누가 담당할지 분장하는 것이 중요합니다. 디자이너가 시각화를 맡는다면 그 정보를 홍보 담당자로부터 잘 전달받아야 합니다. 기사에 실리는 인포그래픽이나 일러스트 디자인 같은 이미지는 기사의 전체 톤을 잡아주는 역할을 하죠. 무작정 수치를 시각화하는 게 아니라, 기사 작성의 의도와 보여주고자 하는 데이터의 성격을 파악해야 합니다. 따라서 홍보 담당자는 디자이너에게 이번 기사가 어떤 성향의 기사문이고 무슨 느낌의 자료가 필요한지 상세히 설명해줄 필요가 있습니다.

2. 글과 매칭되는 디자인

요즘은 PR과 마케팅의 경계가 모호해지면서 홍보 담당자가 회사의 마케팅 채널을 운영하는 경우가 많습니다. 그 반대의 경우도 마찬가지죠. 블로그, 페이스북, 인스타그램 등 다양한 미디어 채널을 동시에 운영하는 경우가 많습니다. 여기서 문제는 각 채널에 실리는 콘텐츠를 디자이너와 홍보 담당자가 함께 만들기도 한다는 사실입니다. 보통은 인력이 없어서 그냥 마케터가 이 일 저 일 다 딤딩하는 경우가 많죠. 행여 미케터기 포토샵이라도 다룬다면 이게 디자이너인지 마케터인지 헷갈릴 정도의 업무 중첩이 생깁니다. 기본적으로 PR 담당자(또는 마케터)는 블로그나 페이스북에 삽입되는 멘트, 텍스트, 콘텐츠 콘셉트를 결정하고 디자이너는 콘텐츠의 디자인을 담당해야 합니다. 브랜딩 관점에서 전체 채널에 실리는 디자인 요소를 통일하는 것은 좋지만, 정작 콘텐츠의 텍스트를 담당하는 사람과 결이 맞지 않으면 글 따로 디자인 따로 노는 혼종이 탄생하고 말죠. 글은 가볍고 유쾌한데 디자인은 심각하고 근엄하면 좀 이질감이 들겠죠. 아예 업무 분장을 한쪽으로 배정하든가 아니면 담당자의 의도에 대한 심도 있는 커뮤니케이션이 필요할 것입니다.

3. 채널 특성을 고려한 디자인

페이스북에 올릴 이미지와 인스타그램에 올리는 이미지의 용도는 엄연히 다릅니다. 보도자료용 이미지도 확연히 다르고, 블로그용 이미지도 다르게 베리에이션해야 합니다. 디자인하는 마케터가 늘어나는 것은 이런 까닭이죠. 그때그때 내가 맞춰서 제작할 수 있으면 사실 가장 효율적이니까요. 최근에는 카드뉴스 제작 툴이나, 뉴스레터 제작 툴, 리사이징 사이트 등 디자이너가 아니라도 채널 최적화 이미지를 손쉽게 만들 수 있는 도구가 많아서 대부분은 담당자가 직접 진행하는 경우가 많습니다. 덕분에 디자이너와 박 터지게 싸우기도 하고, 서로 '아 뭔데 진짜…' 하면서 빈정 상하는 상황이 연출되기도 하더군요. 갈등의 주 원인은 디자이너가 구축한 브랜드 가이드를 맞추지 않는다는 것인데, 사실 그 가이드라는 것이 디자이너가 홀로 제작한 경우가 많습니다. 서로의 업무 타입과 특성을 고려하지 않은 가이드는 사실상 많은 걸림돌을 만들어내죠. 디지털 마케팅과 O2O(Online to Offline) 마케팅, UX 마케팅이 크게 성장하는 요즘 급변하는 채널 특성에 맞추기 위해서는 유연한 가이드와 최소한의 원칙을 지니고 움직이는 것이 좋습니다. 디자이너도 이러한 채널 특성을 이해하고 있어야 합니다. 채널에 대한 지식이 있어야 하죠. 트렌드도 알아야 합니다. 마케터의 의도를 파악해야 하는 것은 당연하고, 콘텐츠에 대한 감각도 필요하죠. 단순히 가로세로 픽셀만 외우고 다니는 시대는 끝났습니다.

대표님이 화려한 걸 좋아하세요
: 누굴 위한 디자인인가

디자인은 왜 필요할까요. 패션 브랜드 디자이너 폴 스미스는 "제대로 된 디자인은 우리 삶의 질을 높이고 직업을 만들어내며 사람들을 행복하게 만든다"라고 했고, 마이크로소프트 디자인 제너럴 매니저인 레이 라일리는 "디자인은 기업이 행할 수 있는 최후의 차별섬이다"라고 했습니다. 이러한 정의들을 살펴보면 디자인은 삶과 기업 모두에 어떤 영향력을 행사하는 행위임은 분명합니다. 하지만 정확히 디자인이 어떤 역할을 하는지는 쉽사리 설명하기 어렵습니다.

디자인은 인간의 행동을 만든다

조금 더 인지적인 측면에서 생각해보겠습니다. 인간은 시각, 청각, 후각, 촉각 등 다양한 감각기관으로 정보를 인식하고 처리합니다. 그중 시각 기관은 아주 직관적인 정보들을 담당합니다.

눈을 가린 채 수많은 정보들을 느껴봅시다. 어디선가 들려오는 쿵 소리, 뭔가 타는 듯한 냄새, 손끝에 만져지는 미지의 물체…. 우리는 이러한 정보들을 접할 때 일련의 불안함을 느낍니다. 다가오는 것인지 멀어지는 것인지 나를 해하는 것인지 판단하기 어렵고, 어떤 형체를 지니고 있는지 알 수 없기 때문이죠. 이것을 맹목성이라고 부르겠습니다. 뭔가 꿀렁하고 축축한 것을 만질 때 우리는 화들짝 놀랍니다. 하지만 눈가리개를 풀고 내가 만지고 있는 것이 무엇인지 한번 살펴봅시다. 달콤한 푸딩이었네요. 손이 좀 끈적하긴 하겠지만 이내 손으로 푸딩을 맛보기도 하고 부서뜨려보기도 할 것입니다. 이것이 우리를 해치지 않는 사물이란 사실을 발견했습니다. 바로 직관성입니다. 무엇인지 분별할 수 있고 판단할 수 있는 능력입니다.

　이러한 직관성과 맹목성은 사회적으로나 기업의 전략적으로나 아주 중요한 요소입니다. 대중의 행동을 통제하고 메시지를 알려야 하는 정책 결정자부터 상품 구매를 유도해야 하는 마케팅 담당자까지, 타인의 눈동자뿐 아니라 손가락부터 다리까지 뭐든 움직이게끔 만들어야 하는 수많은 사람들에게 '시각 정보'는 아주 유용하고 멋진 수단입니다. 디자인이 중요해진 것은 이러한 시각 정보를 다루는 행위이며 나아가 '인간의 행동'을 만드는 요소이기 때문이죠. 인간의 행동은 사회질서와 문화,

이윤, 관계와 직결되는 문제이기에 디자인의 방향성은 선해야 하고 특정 집단이 아닌 공공의 이익과 결합하며 철학적 요소를 갖게 되는 것입니다.

　디자인의 본질은 그 의도와 과정을 떠나서 일단 '가시화'에 뿌리를 두고 있습니다. 더 정확히 얘기하면 '가시화를 통한 행위 유발'에 뿌리를 두고 있죠. 그것이 어떤 행위인지는 제작자의 의도에 따라 다양하게 나뉠 수 있습니다. 완성품 이전에 제작하는 시험용 제품인 프로토타입을 만들어서 뜨거운 피드백을 유도할 수도 있고, 행사장에 동선을 만들어서 꼬맹이들이 뛰어다니지 않는 기적의 입장을 유도할 수도 있습니다. 기똥찬 로고와 패턴으로 기업 이미지를 만들어낼 수도 있죠. 또는 고급스러운 이미지를 활용해서 비싼 비용에 대한 인지 조화를 유도할 수도 있습니다. 이러한 점을 반영하듯 최근 디자인의 정의는 단순한 '보여주기'의 역할에서 점점 확장되고 있습니다. 시각적 결과물을 만드는 일뿐 아니라 건강 디자이너, 인생 디자이너, 취업 디자이너 등 어떤 문제를 발견하고 해결하는 일련의 시스템을 구축하는 일을 통칭하는 의미로 디자인이라는 단어를 사용하고 있죠.

디자이너는 통역사다

언어적 정의에서의 디자인은 위와 같습니다. 이제 실무에 대한 이야기를 시작해보겠습니다. 이론적 의미의 디자인은 분명 실무에도 적용됩니다. 제품과 서비스를 더 나은 상태로 만들고 브랜드의 이미지를 구축하고 고객의 마음과 행동을 움직입니다. 내가 구매하는 제품이 정확히 어떤 제품인지 판단할 수 있게 해주죠.

더불어 디자인은 '실무자들의 행위'를 만드는 역할을 담당합니다. 디자인은 업무의 어느 한 부분에 존재하는 것이 아닙니다. 일의 시작부터 끝까지 모든 영역에서 디자인은 끊임없이 필요하죠. 디자인은 하나의 점이라기보다는 큰 프레임에 가깝습니다. 디자이너는 누군가가 기획한 '관념 단위'의 메시지를 가시화합니다. 그 결과물을 통해 이후의 실무자가 제조, 개발을 진행할 수 있도록 만듭니다. 영업 팀에서는 결과물을 바탕으로 대외 영업을 하죠. 이 결과를 다시 가시화해 피드백을 유도하고, 개선점을 파악하여 계획을 순환시킵니다.

디자이너는 각 실무자 간의 다른 언어를 시각 정보로 번역해 모두가 인지할 수 있게 도와주며, 나아가서는 시장과 고객에게 우리의 메시지를 전달하는 역할을 합니다. 어떻게 보면 중간자라고 할 수 있어요. 서로 다른 외계어와 전문용어가 남발하는 혼돈의 전장에서 통역사이자 전령이 됩니다. 디자인 시안이 나오지 않으면 생각은 그냥 생각에 그치고 말죠. 머릿속에 서로 다른 코끼리를 그리며 회의를 하게 될 것이고, 자기만 알고 있는 언어로 의견을 말할 겁니다. 조만간 멱살이나 잡지 않으면 다행이겠네요.

욕망엔 근거가 필요하다

그러나 이는 이론에서 그렇다는 얘기고, 현실의 디자인 업무는 조금 단순하고 슬픈 느낌이 있습니다. 일단 '내려온 오더를 툴로 만들어내는 것'이 90퍼센트이고 '그렇게 만든 것을 다시 수정하는 것'이 10퍼센트랄까요. 중간자적 역할은 변함없지만 행위의 개선이나 유발 등 디자인 본연의 힘을 드러내기는 어렵습니다. 클라이언트의 손발이 되어 그의 생각을 시각적으로 구현하고는 어쩐지 그것으로 마침표를 찍어버리는 느낌이죠. 물론 그 뒤에도 수천 년간 수정 요청이 오기는 하지만, 이마저도 짧게 끊어진 단답형 문장같이 연속성을 갖지 못한 채 순간순간의 커뮤니케이션으로 끝나기도 합니다.

  물론 이런 과정을 통해 클라이언트와 디자이너가 모두 행복하다면 기립 박수를 칠 일이겠지만, 문제는 그게 아니라는 점입니다. 디자이너는 어느 순간 '나는 누구이고 이것은 무엇인가'라는 환멸감에 사로잡히고, 클라이언트는 자신이 원하는 것이 이틀 안에 나오지 않아서 스트레스를 받습니다. 서로 말을 하고 의견을 주고받지만 당최 말 같지도 않은 얘기들이 가득하고 서로의 주량을 높여주기에 이르죠. 애꿎은 머리털만 동그랗게 빠지고 난 뒤에야 우리는 이 참혹한 현실을 되짚어봅니다. 어디서부터 무엇이 잘못된 것일까요. 디자이너 입장에서는 '그가 그렇게 얘기해서는 안 되는 것'을 외치고 클라이언트 입장에서는 '디자이너의 역량 부족'을 외치기도 합니다. 한쪽의 손을 들어주기 쉽지 않은 이 문제는 우리나라 특유의 회사 문화와 디자인에 대한 인식, 커뮤니케이션의 방식, 사소한 디테일의 부재 등 다양한 요소에 기인합니다. 디자인은 대표님의 욕망을 대신 만들어내는 작업에 불과한 걸까요. 우리가 생각하는 제대로 된 디자인은 어디에 있는 걸까요. 그것은 어떻게 만들어지는 것일까요.

클라이언트 입장에서 결정권자들이 고민해봐야 할 것은 이것입니다. 물론 당신의 욕망이 반영되는 것이 맞습니다. 하지만 욕망엔 근거가 있어야 하죠. 단지 취향으로 무언가를 만들어낼 순 없습니다. 1인 사업을 한다면 모르겠지만 구성원과 소비자를 납득시킬 맥락과 근거가 존재해야 누군가의 고개를 끄덕이게 만들 수 있을 것입니다.

여러분 브랜드에 딱 하나의 디자인만 할 수 있다면 어떤 디자인을 만들고 싶나요? 왜 그런 디자인이 필요하다고 생각하나요? 단적으로 말해서 사업은 궁극적으로 생존을 목표로 하고 성장을 원합니다. 팔려야 하죠. 디자인은 판매를 원활하게 만들어주거나, 촉진하거나, 브랜드에 긍정적인 영향을 주기 위해 필요합니다. 여러분의 디자인은 혼자 보고 행복해서 액자에 걸어놓는 용도가 아니라 소비자를 위한 것입니다. 그들을 설득하고 움직이기 위해 필요하죠. 그러니 다시 생각해봅시다. 여러분의 소비자는 여러분의 디자인에 끄덕이고 있나요? 감탄까진 바라지 않습니다. 브랜드의 이미지를 잘 반영하고 있다고 생각하시나요?

우주적이고 유쾌한 사각형이라니
: 정확한 디렉션에 대하여

클라이언트가 시안을 보며 말했습니다.

"전체적인 그리드가 좀 유쾌한 느낌이면 좋을 것 같은데, 지금은 너무 차분하달까요."

난해한 공감각적 표현에 당황한 디자이너가 되물었죠.

"네? 그리드가 유쾌…가 무슨…."

"이게 그냥 왼쪽 오른쪽 이렇게 있는 것보다 좀 더 이렇게 딱! 그런 느낌으로 이런 그리드 맞춰서…. 아, 참. 그리고 웹 콘텐츠 제작을 진행해야 하는데, 이쪽 로그인 창이랑, 지금 따닥따닥 떨어져 있는 페이지들을 그냥 원 페이지 형식으로 랜딩 페이지로 만들려고요."

이쯤 되면 어떤 프로설명러가 등장해서 갑자기 모든 상황을 설명하며 심각한 얼굴로 '이거 큰일이군'을 외쳐야 할 듯한 장면입니다. 디자이너는 심하게 당황하며 말합니다.

"그러니까… 딱… 이렇게 하는데… 그리드는 이미 맞아 있는데… 그리고 웹 콘텐츠라면서요… 왜 UI를… 그리고 여긴 플랫폼이잖아요… 랜딩 페이지라니…"

용어로 말하면 이해할까

일단 클라이언트의 말을 곰곰이 살펴보겠습니다. 모두 틀린 말이에요. 디자이너들의 용어를 쓰려고 이것저것 섞어서 쓰긴 한 것 같습니다. 일단 그리드는 유쾌해질 수 없습니다. 그리드는 그냥 격자 또는 일정한 간격으로 분할된 가상의 선을 의미할 뿐이죠. 아마도 저분은 레이아웃에 대한 이야기를 하고 싶었던 모양입니다. 가로세로 딱딱한 레이아웃보다는 요소들이 대각이나 무게중심 없이 눙실눙실 떠 있는 듯한 라인을 만들길 원했던 것이죠. 그리드란 단어도 틀렸는데 유쾌한 그리드는 또 무슨 말일까요.

그다음 문장에서는 웹 콘텐츠 제작을 언급했는데, 왜 갑자기 로그인 화면이 나오는 걸까요. 그냥 웹에 들어가 있으니 다 '내용물 = 콘텐츠'라고 생각했던 것이죠. 웹 콘텐츠는 게시판에 올라가는 글, 사진, 상세 페이지 등의 내용을 의미합니다. 그러니까 지금 클라이언트가 원하는 건 UI를 리뉴얼하는 것 또는 UX 프레임을 다시 짜는 것입니다.

해당 웹사이트는 단순한 기업 정보 노출이 아닌 플랫폼 서비스였습니다. 왜 원 페이지와 랜딩 페이지 얘기가 나온 걸까요. 해당 페이지에 진입하기 전 한 장의 페이지를 더 만들려고 하는 걸까요? 아닙니다. 이 클라이언트는 그냥 '랜딩 페이지 = 사이트 주소 누르면 처음 보이는 페이지'라고 생각하고 있습니다. 물론 틀린 말은 아닙니다. 하지만 랜딩과 메인은 엄연히 개념이 다르죠. 랜딩 페이지는 오로지 하나의 목적을 위해 존재합니다. 무언가를 소개하고, 클릭하거나 연락처를 남기거나 신청하는 등 하나의 행동을 유도하기 위한 페이지입니다. 반면 메인 페이지는 그 안에서 다양한 활동과 상호작용이 이루어지죠. 다른 페이지들을 연결하는 허브 역할입니다.

디자인 용어를 따라 하고 쓰고 싶어 하는 분들이 종종 계십니다. 일종의 기 싸움이기도 하고, '나도 디자인을 어느 정도 알고 있다'는 점을 어필하고 싶어서, 또는 그냥 그런 용어를 좋아하는 타입일 수도 있습니다. 또한 기획에서 쓰이는 용어와 디자인에서 쓰이는 용어 중 단어는 같지만 뜻이 다른 것들도 있습니다. 이런 잘못된 용어들의 오남용이 부르는 부작용은 생각보다 심각합니다. 위 대화는 아예 엉뚱하고 맞지 않는 단어들을 써서 명백히 잘못되었다는 걸 인지할 수 있지만, 혹여 계약서나 미팅 조율 과정에서 해당 용어들로 계약을 했다고 상상해봅시다. 매우 혼란스럽겠죠. 다음의 예를 보면서 하나하나 제대로 잡아봅시다.

① 웹 콘텐츠 기획
② 랜딩 페이지 제작 1종

이러한 내용으로 계약을 했습니다. 사실 클라이언트는 아래와 같이 생각하고 자기 나름대로 용어를 쓴 상태입니다.

① 홈페이지 내의 모든 구성물을 바꾸는 작업
② 홈페이지 전체 리뉴얼(홈페이지가 하나니까 1종)

하지만 디자이너가 인식하는 내용은 다음과 같습니다.

① 홈페이지 내에 들어가는 상세 페이지나 콘텐츠 디자인
② 한 장짜리 랜딩 이미지 제작(홈페이지는 그냥 놔둠)

이런 식으로 계약이 완료된 상태에서 일을 주고받으면 과연 사흘 뒤 어떤 일이 벌어질까요. 클라이언트는 모든 걸 다 고쳐야 한다고 말할 거고, 디자이너는 말도 안 된다고 할 겁니다. 계

약서에 써 있는 내용을 보여주며 서로 무슨 소리냐고 눈을 동그랗게 뜨겠죠.

단어에서 비롯되는 소통의 오해는 비단 위와 같은 용어의 오남용뿐이 아닙니다. 추상적 단어로 인한 우주적 메시지 또한 디자인 오더의 오랜 숙원 중 하나입니다.

"그러니까 이렇게 좀 맑은 느낌의 경쾌한 색과 좀 무게감 잡힌 이미지들 있잖아요. 너무 침울한 거 말고 좀 화아아한 느낌을 담은."

사실 이 같은 표현들이 클라이언트 입장에서는 최선을 다한 설명이라고 할 수도 있습니다. 나름대로 '이렇게 말하면 디자이너가 알아듣겠지'라는 고민과 배려에서 나오는 경우가 많더라고요. 하지만 저렇게 말하면 디자이너가 아니라 어떤 누구도 이해하기 힘듭니다. 원래의 오더라면 다음과 같아야 합니다.

"흰색에서 하늘색 사이의 채도 높은 색 중에 하나를 골라주시고, 이미지는 배경과 대비가 되었으면 좋겠어요. 그런데 모노톤 말고 보색이나 포인트 컬러가 좀 들어간 이미지로."

하지만 클라이언트가 평범한 수준의 디자인 지식을 갖고 있는 이상 이같이 색과 구성에 대해 구체적으로 설명하기가 쉽지는 않죠. 그렇다면 어떻게 전달해야 할까요. 아주 간단합니다.

말로 하지 말고 보여주자

이미지화 작업을 텍스트로 풀면 한도 끝도 없이 복잡해집니다. 사람들이 색을 인식하고 다루는 방식을 생각해봅시다. 아직도 끊이지 않는 파란불과 초록불 신호등 논란이 있습니다. 이는 오방색 문화 차이가 낳은 '파랑과 초록'의 혼용에서 비롯되는 것이죠. 건너가도 된다는 신호등의 불빛은 파란불이라고 해야 할까요, 초록불이라고 해야 할까요? 또 여러분이 옛 경성의 분위기를 묘사한다고 해봅시다. 거기 놓인 다이얼식 전화기를 표현할 때 '레트로, 빈티지, 올드함' 중 어떤 단어를 쓰는 게 좋을까요? 과연 우리는 눈으로 보는 것을 제대로 표현할 수 있을까요?

　잘못된 또는 주상적인 표현은 추후 업무를 통해 아주 냉확한 '빡침'으로 돌아오기 마련입니다. 그 모든 문제의 발단은 고작 몇 개의 단어에서 비롯된다는 사실을 강조하고 싶네요. 아래 세 기지 요약으로 이번 이야기를 마치도록 하겠습니다.

- 굳이 글로 풀지 말고 레퍼런스 이미지로 조율합니다.
- 곧 죽어도 난 글로 표현해야겠다는 신념이 있다면 중학생도 이해할 수 있을 정도로 직관적이고 명쾌한 단어와 보편적인 표현을 쓰도록 합니다.

- 다의어, 추상적 단어 등이 있다면 질문과 대답을 통해 일단 용어 정리부터 합니다.

심플하지만 화려하게 해주세요
: 내 욕망 나도 몰라

'심플하지만 화려한 것'

'현대적이지만 전통적이기도 한'

'우주의 섭리가 느껴지는'

'시작과 끝, 순환과 생성을 표현하는'

'밝은 느낌의 다크한 톤'

우스갯소리처럼 들리는 이런 표현들은 실제로 제가 들어봤던 것들입니다. 디자이너들 사이에선 '말이 통하지 않는 클라이언트'를 의미하는 상용어구처럼 쓰이기도 합니다. 저도 궁금했습니다. 도대체 왜 저런 표현을 쓰는 걸까요. 함께 일하는 사람을 곤란하게 만들거나 시험에 들게 하려는 의도는 아닐 것입니다. 클라이언트도 나름대로 머릿속에 그리는 어떤 그림이 있을 것이고 그것을 표현하려다 보니 어떤 한계에 부딪혀서 아는 단어를 모두 끌어낸 것이겠죠. 이제는 어느 정도 이해를 하고 있습니다. 심플하지만 화려한 것이 도대체 어떤 의미인지 그려낼 수 있게 되었죠.

하지만 저는 원래 영업을 하던 사람이었고 뒤늦게 디자인을 시작했습니다. 대표님들과 손 맞잡고 이래저래 농담과 넋두리를 듣고 풀고 나누던 게 업이었기 때문에 그들의 언어를 대강 이해할 수 있게 된 것이지, 디자이너 입장에서 매우 당혹스러운 표현임은 변함없습니다. 그렇다고 여러분이 디자이너들의 언어를 배울 필요는 없습니다. 오히려 저런 언어들은 어설픈 소통의 노력이 부른 대참사와도 같달까요. 오히려 마음을 좀 내려놓고 얘기하셔도 될 듯합니다. 왜 저런 표현을 쓰게 되는지, 그리고 올바른 표현을 하려면 어떻게 해야 하는지 알아보도록 합시다.

배경과 전경을 분리하지 못하면

이미지를 언어로 표현할 때는 비선형적인 이미지를 선형의 문법으로 풀어내게 됩니다. 쉽게 말해 모든 것이 겹쳐진 한 장의 이미지를 풀어서 순서를 만들죠. '책상 위에 꽃이 놓여 있다' 또는 '꽃이 책상 위에 놓여 있다'는 식으로 어떤 단어를 먼저 꺼내야 할지 고민합니다. 그래서 눈에 보이는 것과 말로 표현하는 것에 괴리가 발생합니다. 분명 눈으로는 한 장의 이미지인데 말로는 여러 단어를 순서에 맞춰 늘어놔야 하니까요.

  이미지는 두 가지 요소로 나뉩니다. '전경'과 '배경'이죠. 전경은 내 시선이 꽂히는 지점, 포커스가 맞춰진 하나의 요소(컬러, 사물, 인물 등)를 의미합니다. 배경은 전경을 제외한 모든 것을 의미하죠. 이미지를 언어로 구사할 땐 전경부터 얘기하고 배경을 얘기하게 됩니다. 먼저 보인 것을 먼저 얘기하는 것이죠. '심플하지만 화려하게'에서 '심플하지만'이 먼저 나왔잖아요. 내 눈에 먼저 들어온 전경 요소가 심플한 선반이나 단조로운 컬러였어요. 그리고 이제 배경을 설명할 것입니다. 그런데 배경은 좀 화려하네요. 심플해 보이는 것들이 많이 모여 있고, 그것들이 꽉 들어차 있습니다. 예를 들어 편집숍에 들어가 보면 물건 하나하나는 굉장히 심플하고 힙하단 말이에요. 그리고 그런 물건이 가득 들어차 있죠. 그래서 편집숍을 표현할 때는 '심플한 물건들이 빼곡히 들어차 있는'이라고 표현해야 합니다. 하지만 보통 사람들은 그렇게 전경과 배경을 연관지어서 설명하지 못해요. 그냥 모순된 두 가지를 한 번에 느끼고 한꺼번에 표현하죠.

수천 가지의 빨간색

나중에서야 안 사실이지만 저런 표현을 하는 본인들도 무슨 말을 하는지 잘 모릅니다. 말을 해놓고 보니 좀 이상하긴 하죠. 디자이너들이 쓰는 언어들을 대략 비슷하게 쓰려고 노력한 듯합니다. 무슨 톤, 무슨 느낌, 현대적이고, 엔틱하고, 레트로하고, 모던하고, 심플하고…. 이런 단어들을 매우 많이 들었을 것입니다. 원래 '언어'란 것은 많은 생각과 이미지를 함축하고 있습니다. 우리는 구체적이라고 생각하지만 실제로 '레트로'라는 단어가 지니고 있는 수많은 이미지와 복합적인 의미를 떠올려봅시다. 몇 년도 느낌이 레트로인가요? 무슨 색을 써야 하나요? 어떤 특징들이 있나요? 고급스러운 레트로인가요? 일제강점기 소재의 드라마에 나오는 그런 미장센을 의미하나요? 아니면 무슨 '수우퍼마켙' 이런 간판 느낌?

   한 단어가 하나의 이미지와 일대일로 대응하지 못하면 이런 사태가 벌어집니다. 심지어 '빨간색'이라는 엄청나게 구체적인 단어도 수천 가지가 넘는 빨간색의 미묘한 변화 앞에선 무색해집니다. 따라서 우린 항상 짐작과 근사치를 찾습니다. 여러분이 원하는 것이 정확히 17이라고 하면 디자이너는 대략 14~20 사이를 찾는 것이죠. 딱 17을 맞춘다는 것은 거의 불가능에 가깝습니다. 저런 용어들을 쓰는 건 디자이너의 이해를 돕기 위함일 것입니다. '이렇게 말하면 이해하겠지?'라는 마음일 수도 있습니다. 아닙니다. 이해하지 못해요. 디자이너는 그런 단어들을 추측하고 마음을 읽는 사람이 아닙니다.

정보가 혼재되어 있는 경우

보통 여러분이 뭔가를 디자이너에게 설명할 때는 이미 머릿속에 떠올리는 어떤 이미지가 있을 것입니다. 우리는 이것을 차근차근 잘 뜯어서 설명해야 합니다. 그런데 이 이미지가 흐릿하거나 잘 떠오르지 않을 때 문제가 발생하죠. 머릿속에 떠올리는 이미지에는 두 가지가 있습니다. 내가 구상한 상상 속의 시안, 또는 어디선가 봤던 바로 그 이미지. 어느 쪽이든 문제는 발생합니다. 내가 구상한 상상 속 시안은 실제로 구현해보면 엉망일 수 있습니다. 어디선가 봤던 이미지는 정확히 기억나지 않고 자꾸 왜곡되죠. 우리는 두뇌의 기억을 신뢰해선 안 됩니다. 여러분이 머릿속에 그린 그 그림은 두뇌의 속임수와도 같습니다. 이런 정보와 저런 정보를 합쳐 완벽한 것처럼 보이게 만들고 합리화하고 얼버무리고 다른 기억들과 섞어 형체가 분명한 것처럼 느끼게 합니다. 두뇌는 불확실한 정보를 좋아하지 않습니다. 불확실한 정보를 다시 논리적으로 짜 맞춰 기억을 되살리는 것보다, 대충 아무렇게나 말하는 게 두뇌 입장에선 효율적입니다. 그러니 그냥 튀어나오는 단어를 믿지 마세요. 바로 떠오르는 생각을 믿지 마세요. 내가 어디선가 봤다고 생각했던 그 이미지를 떠올리지 마세요.

그렇다면 어떻게 해야 할까

위에서 말한 것들의 솔루션은 하나입니다. 원인이 셋 중 하나에 있다기보다는 대부분 섞여 있을 가능성이 매우 높기 때문입니다. 아래 세 가지 방법을 따라보도록 합시다.

우선, 반드시 이미지로 얘기합니다. 여러분의 언어 능력을 맹신하지 마세요. 머릿속에 어떤 이미지가 떠올랐다면 말로 하지 말고 손으로 그리세요. 어딘가에서 본 이미지라면 반드시 꺼내 놓고 함께 얘기하도록 합니다. '이렇고 저런 느낌 있잖아요'라는 말은 가급적 삼가는 것이 좋습니다. 대화 중에 자꾸 '느낌' '분위기' '~듯한' '왠지'라는 단어가 섞인다면 경계하셔야 합니다. 지금 둘이 서로 다른 그림을 그리고 있을 가능성이 높아요.

이미지를 꺼냈다면 전경과 배경을 나눕니다. 우리가 집중하고 있는 전경이 서로 다르다면 굉장히 큰 오해가 일어날 수 있습니다. 지금 여러분이 화분에 집중하고 있다면 디자이너에게도 그것을 봐달라고 얘기합시다. 같은 이미지를 본다고 같은 생각을 하는 게 아닙니다. "디자이너님, 이쪽 화분을 봐주세요"라고 전경을 일치시키는 것이 중요합니다. 그리고 전경부터 설명하기 시작합니다. 이런 폰트, 이런 그림자, 이런 효과가 좋다고 말이죠. 그리고 왜 좋은지, 이게 무슨 의미가 있는지 등등을 세세하게 얘기해봅시다.

배경은 매우 큽니다. 배경을 얘기할 때도 몇 개의 요소로 쪼개서 얘기해야 합니다. 우선 명암부터 얘기합시다. 사람은 어둡고 밝은 명암 변화에 매우 민감합니다. 어둡고 밝은 것을 자칫 진하고 연한 것으로 표현하시는 분들도 매우 많아요. 명암의 정도를 정하고, 채도를 정합니다. 색은 어느 정도의 농도로 정할지, 그리고 전체 모양을 곡선형으로 할지 직선형으로 할지, 도형을 많이 쓸지 선을 많이 쓸지 등을 정하는 것입니다.

　　이때 모든 대화에 쓰이는 단어들은 가장 쉽고 유치한 것으로 선택합시다. 무슨 비비드하고… 플랫한 컬러라든지… 균형 잡힌 레이아웃이라느니… 이런 단어는 쓰지 마세요. 그런 건 디자이너들끼리 서로 업무 얘기하거나 농담할 때 쓰는 단어입니다. 우리끼리 얘기할 땐 '가장 진한 색, 원색, 파스텔, 요즘 유행하는 색' 등 너무도 알아듣기 쉬운 단어들로 얘기하는 겁니다. 소통 과정에서 전문용어를 쓰는 것은 효율성을 위해서입니다. 서로가 똑같은 의미를 공유하고 있을 때는 큰 도움이 되죠. 길게 풀어서 설명해야 할 걸 한 단어로 전달할 수 있으니까요. 하지만 둘 중 한쪽이 의미를 잘 모르고 있거나 서로 다르게 해석할 위험이 있다면 전문용어는 걸림돌이 될 뿐입니다. 일 잘하는 게 먼저입니다.

위에서 컨펌이 안 나는데 어떡해
: 일정이 자꾸 늦어진다면

마감 기한이 14일까지인데, 2일까지 받기로 한 자료가 도무지 오지 않습니다. 디자이너는 재차 메일을 보내보았죠. 카톡도 보냈습니다.

"담당자님, 자료는 언제쯤 받을 수 있을까요?"

여러분은 대답합니다. 진땀 흘리는 이모티콘과 함께.

"죄송해요. 지금 내부적으로 조율이 조금 늦어져서, 늦어도 내일까진 보내드릴게요.ㅠㅠ"

여러분은 알고 있죠. 내일까지도 힘들 것이라는 걸. 아마 내일까지 보내겠다는 말은 위로 내지는 의례상 그냥 한 말일 겁니다. 내부적 합의가 내일 될지 모레 될지 여러분이 어찌 정확히 장담할 수 있겠습니까.

대부분의 디자인 업무는 3자 공조 체제인 경우가 많습니다. 우선 디자이너가 있고, 연락을 담당하는 실무자가 있습니다. 그리고 항상 제3자인 '내부의 누군가'가 있는데 결정권자 내지는 주주, 다른 업체일 가능성이 높습니다. 대부분 문제는 이 세 번째 인물에게서 발생합니다. 그가 답을 늦게 주거나, 자료를 안 주거나, 줬는데 이해할 수 없게 주는 경우 등입니다. 자료 전달이 늦어지는 이유는 셀 수도 없이 많지만 결과는 하나로 수렴됩니다.

'낮은 퀄리티.'

15일 동안 만든 디자인과 3일 동안 만든 디자인의 퀄리티는 같을 수 없습니다. 수정 시간도 촉박하고, 수정을 요구하는 쪽에서도 대략 쓱 훑어보고 줄 수밖에 없겠죠. 원하는 내용이 누락되었거나 뭔가 허전해도 기한이 다 돼서 그냥 패스하는 경우도 숱하게 많습니다. 디자이너 입장에서는 일정이 완선히 깨져버렸고 또 밤을 새워야 할 겁니다. 클라이언트 입장에서는 촉박하게 만들어낸 디자인으로 얼렁뚱땅 뭐라도 제출해야 하는 상황이 되죠. 서로에게 안 좋은 결과입니다.

늦을 수밖에 없을 때는 이렇게 해보자

물론 이 상황을 어느 한쪽의 책임이라고 할 수는 없습니다. 사실 디자인을 의뢰할 때는 내부적으로 모든 것이 정리된 상태에서 디자이너를 섭외하고 그 내용 그대로를 전달해서 바로 시작하는 게 가장 좋습니다. 하지만 어디 회사 일이 그렇게 흘러가던가요. 위에서는 계속 생각이 바뀌고 실무자는 하루가 지나서야 그걸 전달받습니다. 새벽에 해당 내용을 디자이너에게 전달하면 디자이너는 이튿날 아침이 돼서야 확인하고, 어제 만들었던 걸 또 수정하느라 하루가 다 갑니다. 다른 팀의 자료를 받아서 움직여야 하는 경우에는 더더욱 복잡해지기 시작합니다. 신사업이나 브랜드 론칭의 경우에는 의사 결정에만 몇 주가 걸려 계약서조차 쓰지 못하고 하염없이 시간만 흘러가기도 하죠.

- 자료가 늦어지는 경우
- 의사 결정이 늦어지는 경우
- 세부 사항이 계속 변경되는 경우
- 내부 공유가 안 되는 경우
- 비용 지급이 미뤄지는 경우
- 그냥 연락이 계속 안 되는 경우

이처럼 지연되는 이유는 다양할 텐데 이런 사정 자체를 예방하거나 막기는 어렵습니다. 본인이 최종 결정권자가 아니라면 여러분이 할 수 있는 일은 메일이나 전화로 상황에 대해 상세히 설명하고 양해를 구하는 것입니다. 만약 여러분이 결정권자라면 의사 결정은 빠르게 내려주셔야 합니다.

디자이너 입장에서 제일 답답한 경우는 아무 연락도 메일도, 심지어 답장도 없는 상태로 하루하루 지나는 경우인데 결국 이렇게 1~2주 흐르고 나면 디자이너 측에서 계약 파기를 언급할 수도 있습니다. 계약서를 작성한 경우에도 일정 기한이 지나면 해당 계약을 갱신해야 합니다. 그러니 이러한 사항에 대해서 상세하게 조율하는 것이 필요하겠죠. 다음과 같이 보내도록 합시다.

자료가 늦어지는 경우
"디자이너님, 전달해드리기로 했던 자료를 아직 업체 측에서 받지 못하고 있습니다. 현재 금일 18시 내로 달라고 재요청한 상황입니다. 18시 내로 전달받으면 즉시 포워딩하겠습니다. 혹여 해당 시간 내에 받지 못할 경우, 업체 측과 다시 연락하여 내일 오전 중에 받을 수 있도록 조율해보겠습니다. 내일 오전 중에 해당 내용에 대해 다시 연락드리겠습니다. 양해해주셔서 감사합니다."

의사 결정이 늦어지는 경우
"디자이너님, 현재 내부 조율 중인데 다소 결정이 지체되는 사안이 있어서 말씀드린 날짜에 컨펌을 드리지 못한 점 죄송합니다. 대표님께서 일단 금일 20시 전으로 마무리된 내용을 전달해주시기로 하였습니다. 전달받는 대로 넘겨드리되, 혹여 더 늦어지게 되면 그 시간에 재차 연락드리겠습니다. 감사합니다."

세부 사항이 계속 변경되는 경우

(변경의 원인이 디자이너의 실수라면) "전달해주신 시안에 대해 저와 디자이너님이 좀 더 꼼꼼하게 크로스체크할 필요가 있을 듯합니다."

(변경의 원인이 클라이언트 측 문제라면) "잦은 변경으로 불편을 드려 죄송합니다. 내부적으로 디테일한 변경 사항을 취합하여 최종 수정 피드백을 20시에 전달해드리겠습니다. 이후 수정 사항에 대한 비용 처리 이슈도 협의하도록 하겠습니다."

내부 공유가 안 된 상태

굳이 이런 것까지 일일이 말할 필요는 없습니다. 내부 공유가 안 되어서 커뮤니케이션 충돌이 생겼으면 그냥 이렇게 정리합시다. "커뮤니케이션 과정에서 잠시 혼선이 있었던 것 같습니다. 이제부터 콘택트 포인트는 저로 통일하도록 하겠습니다. 불편을 드려 죄송합니다."

비용 지급이 미뤄지는 상태

"지급이 늦어져 죄송합니다. 확인해보니 현재 결재는 완료된 상태이고, 내부 지급 순서에 따라 순차적으로 입금되고 있다고 합니다. 해당 비용은 최소 3일 이내에 입금될 예정입니다. 입금 처리 완료 후 문자 드리도록 하겠습니다. 입금자명은 '㈜애프터모멘트'로 표기되오니 확인 부탁드립니다. 감사합니다."

그냥 연락이 계속 안 되었던 경우

'ㅠㅠ'를 비롯한 갖가지 우는 이모티콘을 동반하여 보내봅시다. "제가 연락을 못 받았습니다. 죄송해요!!!" 그리고 이유가 무엇이건 사정 얘기를 함께 해주도록 합시다. 그게 최소한의 예의입니다. 사람이 바쁠 수도 있고, 연락 못하고 해외출장을 할 수도 있습니다. 하지만 돌아왔으면 기다렸던 사람에게 앞뒤 설명을 해줘야 하지 않겠습니까.

디자인은 재활용이 어렵습니다
: 목적과 용도를 정확히

회사에서는 뭔가 소개할 것들을 많이 만듭니다. 특히 스타트업은 끊임없이 회사를 알려야 하는 입장이어서 얼핏 비슷해 보이는 것을 우르르 만들곤 하는데 그것들은 흔히 다음과 같습니다.

피칭용 제안서

미팅 때 보여줄 제안서

투자 제안서

영업용(B2B) 제안서

입찰 공모용 제안서

올해 계획을 담은 연간 프로그램 제안서

타깃별로 다른 제안서

클라이언트가 요청한 추가 자료

메인 회사 소개서

제품 소개서

브로슈어

접지 리플릿

뭔가 하나로 딱 보일 수 있는 프로그램 포스터

프로그램 책자

연구 자료집

각각의 용도에 맞게 그때그때 제안서나 소개서를 만드는 것은 당연한 일입니다. 심지어 저는 딱히 용도가 없어도 이전에 만든 제안서가 맘에 안 들어서 리뉴얼하는 삽질도 서슴없이 하기 때문에 저런 목적성 있는 행동은 매우 슬기로운 생활이라고 할 수 있겠습니다.

하나의 작업이 모든 문제를 커버할 순 없다

뭔가를 만드는 건 문제가 아닙니다. 문제는 자꾸 두통약을 배 아플 때도 쓰고 멍 들었을 때도 쓰고 피 날 때도 쓸 때 생기죠. 물론 통증을 줄여주니 아예 쓸모가 없다고 할 순 없지만 시퍼렇게 멍 든 곳에는 파스를 붙여야 하는 것 아니겠습니까? 무슨 얘기인고 하니 다음과 같습니다.

"아, 이번 제안서 만들 때 매출 추이 파트도 좀 강조해서 넣을까 하는데…."

"5분짜리 짧은 피칭인데 이 내용을 전부 말할 수 있을까요? 좀 복잡해질 것 같은데요."

"피칭엔 일단 빼고 저희 2월에 IR 있거든요. 그래서 그때 추가하려고요."

"그건 아예 따로 만드는 게 낫지 않을까요. 피칭 자료는 내용 자체가 결이 좀 달라서 매출만 붙인다고 되진 않을 텐데요…."

"그건 그런데, 일단 나머지는 말로 풀 거라서, 거기서 요청한 부분만 뒤에 챕터로 붙여서 활용하려고요."

자료를 하나 의뢰하면서 '3 in 1 아웃도어 재킷'처럼 활용하려는 듯한 오더를 받은 적이 있었습니다. 처음에는 오더대로 만들어보았죠. 앞장은 피칭 자료처럼 만들고, 뒤에 매출 추이와 상세 제품 소개를 붙이는 등 지킬 박사처럼 이리저리 실험체를 만들어냈는데 결과물을 보니, 와우. 이토록 이해할 수 없는 디자인물이 나올 줄이야. 내 손으로 창조했다고는 믿기지 않는 해괴한 존재가 탄생하고 말았습니다. 일단 두 자료는 구성 콘셉트 자체가 다릅니다. 레이아웃도 달라져야 하고 기획 의도도 다릅니다. 그런데 목적이 다른 두 제작물을 하나로 붙여놓으니 이 맛도 저 맛도 아니게 되어버린 것이죠.

물론 클라이언트의 사정은 충분히 이해합니다. 투자 제안서와 피칭 모두 임박해 있고 두 건으로 처리하기에는 비용이 부담스러웠을 것입니다. 돈이 두 배로 들어가니까요. 그러니 기왕 하는 김에 나머지도 붙여서 '퉁치자'는 심산이었겠지만 딱히 추천하고 싶지 않은 퍼포먼스입니다.

목적이 다른 일을 한 번에 해결할 순 없다

다음 사례도 살펴봅시다. 클라이언트와 디자이너는 지금 서로를 멍하게 바라보는 상태입니다. 책상에는 계약서도 있고 시안도 놓여 있습니다. 둘 다 왠지 머리를 긁적이며 난색을 감추지 못하고 있는데 대화를 들어보니 이러하네요.

 "근데 이게… 제품 소개서잖아요. 상세 페이지를 잘라서 쓰면… 구도부터… 뭐 그런 걸 떠나서 일단 구성 자체가 어려울 것 같은데요."

 "힘들까요? 그냥 하나로 웹하고 소개서를 같이 쓰려고 하는데…. 어차피 올리는 내용이랑 디자인 똑같이 맞춰서 그냥 잘라 붙이면 안 될까요."

 "이건 따로 두 개를 만드는 거라서… 그냥 '복붙'할 수도 없고 어차피 소개서용은 다시 만들어야 하는데…."

 "그렇게 막 퀄리티가 높지 않아도 되어서요."

 "일단 웹에 올린 이미지를 편집으로 옮기면 다 깨져버릴 거고, 여긴 세로인데 제품 소개서는 가로잖아요. 텍스트나 이미지 배치도 완전 달라서 그냥 이건 두 가지 작업이에요."

(긁적….)

(나도 긁적….)

제품 소개서를 만들고 싶었나 봅니다. 그런데 디자이너에게 의뢰한 건 상세 페이지였습니다. 웹에 올라갈 상세 페이지에는 이미지와 텍스트 등이 들어가니, 상세 페이지 결과물을 잘라서 PPT에 얹으면 그게 제품 소개서가 되지 않겠냐는 생각입니다.

이것은 명백히 다른 작업입니다. 일단 해상도 자체가 다를뿐더러 기본적으로 디자인은 '구성과 배치'가 가장 어려운 작업이죠. 웹에서 보이는 것과 종이로 보이는 것은 너무도 큰 차이가 있습니다. 각각의 요소를 어디에 배치하고 어떻게 정렬하느냐에 따라 가독성과 가시성이 크게 달라집니다. 더불어 상세 페이지와 제품 소개서는 엄연히 목적도 다릅니다. 상세 페이지는 한 상품에 대한 정보 제공을 목적으로 하지만, 제품 소개서는 전체 라인업에 대한 이해와 리스팅을 목적으로 합니다.

그렇다고 '그렇게 막 높지 않은 퀄리티'가 이미지가 깨져도 되고 허접해도 되니 그냥 막 붙이라는 뜻은 아닐 겁니다. 오더가 그렇다고 정말 그렇게 만들면 무한 수정 루프에 빠져들 것이 분명합니다. 그럼 결국 이미지도 다시 필요하고, 텍스트도 다시 짜야 하고, 레이아웃도 다시 만들어야 할 것이고…. 결국 두 개의 일이 되는 건 마찬가지죠. 이럴 땐 따로따로 의뢰해서 각각 기획하는 것이 상식입니다.

한두 푼 드는 일이 아니니 제대로 하자

제작물의 목적이 또렷하지 않으면 기획안도 끊임없이 바뀌고 애매해지다가 디자인을 처음부터 다시 몇 번이나 뒤엎어버리는 경우가 발생합니다. 함께 일하는 사람들과의 갈등은 물론이고 서로 자기가 지금 무슨 일을 하는지 알 수 없는 지경에 이르죠.

충동적인 제작도 마찬가지입니다. 문득 다른 업체에서 만든 멋진 브로슈어를 보고 온 대표님이 "우리도 브로슈어 만들자!"라며 급하게 일을 추진하는데, 그 선에 우리 회사가 브로슈어가 필요한 회사인지, 그걸 만들어서 어떻게 활용할지에 대한 고민을 먼저 해야 합니다.

제작물이든 디자인 의뢰든 비용이 한두 푼 드는 게 아닙니다. 갑자기 만들기는 했는데 나중에 정작 쓸데가 없어서 창고에 쌓아놓기만 하는 경우를 불과 몇 개월 전에도 목격했습니다. 그 프로그램 소개 리플릿 열네 박스는 적게 잡아도 인쇄비만 300만 원은 족히 넘었을 거예요. 1년 전에 만들었다고 하는데 정작 사용한 건 한 박스도 채 안 되고, 버리지도 못하고 창고 문 앞을 가로막고 있었습니다. 더 충격적인 건 결국 두 달 뒤에 창고 정리를 하면서 절반 이상을 모두 버렸다는 것입니다. 하나 덧붙이자면, 그 와중에 디자인을 담당하는 직원은 또 다른 소개 리플릿을 제작하고 있었습니다. 혹시 여러분 사무실의 풍경도 이와 같진 않겠지요?

집에서 일하면 안 되나요?
: 재택근무 디자이너와 일할 때

외주 디자이너가 아니라 다달이 월급을 받는 인하우스 디자이너인데, 원거리나 개인 사정으로 재택근무를 하는 경우에 대해 이야기해봅시다. 디자인 작업은 특성상 랩톱과 커뮤니케이션 수단만 있으면 시간과 장소에 구애받지 않는다는 장점이 있죠. 이런 장점을 살려 전염병, 출산, 이사, 일신상의 사유가 생겼을 때 퇴사나 이직 대신 재택근무로 방식을 전환할 수 있어요. 회사 입장에서도 디자이너 한 명을 새로 뽑아 다시 가르치는 것이 쉬운 일은 아니기에 합의가 가능하다면 서로에게 좋은 방법이 될 수 있습니다. 수많은 협업 툴이 있는 요즘에는 크게 어려운 일도 아니죠. 최근 코로나19 사태를 통해 많은 회사들이 재택근무로 전환하면서 채널톡이나 슬랙, 줌, 잔디, 라인웍스 등을 활용해 생산성을 유지하는 방법을 경험했습니다.

하지만 모든 회사가 재택근무에 긍정적인 인식을 지니고 있는 것은 아닙니다. 애당초 재택근무가 불가한 직종도 있지만 신뢰의 문제, 툴을 배워야 한다는 부담감, 익숙하지 않은 느낌도 이러한 인식에 한몫하고 있습니다. '내 눈앞에서 일하는 모습을 보아야 직성이 풀리는' 경우나 '종이로 된 보고서를 갖고 직접 만나서 일을 해야 이해가 되는' 옛날 업무방식이 익숙한 분들에겐 쉽지 않은 선택임은 분명합니다. 하지만 언제까지나 A4용지 찰랑거리며 결재판에 끼워 보고할 순 없는 법이죠. 변화하는 업무 형태에 익숙해져봅시다.

떨어져서 일할 때 고려해야 할 사항

몇몇 회사들은 당신이 앉아 있는 모습이 눈에 보여야 하고, 일일 업무 일지로 당신이 오늘 뭐 할지를 알고 있어야 상사가 안심할 수 있는 전통적인 체계를 지니고 있습니다(정작 그분 눈에 보이는 나는 일하기 싫어 죽겠는데 말이죠). 그러니 재택근무에 대한 시스템이 잘 갖춰져 있을 리 만무하고 이해도도 떨어지기 마련입니다. 관리자뿐 아니라 실무자도 재택근무가 익숙하지 않을 수 있습니다. 게다가 가이드도 없고 재택근무를 지원하는 인프라마저 갖춰 있지 않다면 비극적이겠죠. 결국 어떻게 해야 할지 모르고 서로 헤매다가, 업무 조절에 실패하거나 생산성이 격하게 저하되는 사태가 빚어지기도 합니다. 재택근무를 할 때 조율해야 할 사항을 5단계로 알아봅시다.

근무지

일반적으로 재택근무는 '직장으로 통근하는' 행위 없이 근무하는 것일 뿐 근무시간과 보고 체계 등등은 모두 동일합니다. 단순히 장소의 자유가 있을 뿐이죠. 디자이너가 찜질방에 있든 바닷가에 있든 카페에 있든, 이는 회사가 건드릴 영역이 아닙니다. '재택'이란 말은 회사가 아닌 '다른 장소'를 의미하지 꼭 집 구석에 처박혀서 컴퓨터를 켜란 소리는 아닙니다. 그러니 '집에 있으랬더니 왜 카페에 가 있냐! 왜 관악산 정상에 가 있냐!' 이런 건 신경 쓰지 않아도 됩니다. 솔직히 그런 관점이라면 집이 제일 위험합니다. 냉장고도 있고, 침대도 있고… 살벌한 공간이죠. 근무지는 자유롭게 설정할 수 있습니다. 그리고 책상에 발을 올리든 맥주를 놔두고 일하든 그런 건 하나도 중요하지 않습니다.

근무시간

협의를 통해 업무 시간을 조율할 수 있습니다. 근무자의 특성을 고려해서 출퇴근 시간을 주야간으로 조정하거나 유연근무제로 하루 여덟 시간을 원하는 시간대로 지정할 수도 있습니다. 이는 해외에 있거나, 낮에 포토샵을 켜면 알레르기가 생긴다거나, 학업을 병행하고 있다거나 하는 사유로 시간을 조율하는 경우죠. 만약 아기가 있는 가정이라면 제대로 컴퓨터에 앉아서 여덟 시간 내내 근무하는 것은 불가능에 가까우므로 업무 시간을 나눠 재량껏 조절하는 방향으로 해야 합니다. 회사에 따라 근무시간보다는 업무 목표를 달성하는 것에 더 초점을 맞추는 경우도 있습니다. 한 시간을 일하든 열 시간을 일하든 그건 본인 역량이고 일단 목표로 한 문제들만 끝내면 상관없다는 것이죠. 회사가 어떤 방향을 더 선호하느냐에 따라 근무시간은 '업무 목표'로 바뀔 수 있습니다. 오늘 해야 할 해결 과제만 끝나면 퇴근하는 방식입니다. 디자이너는 일단 밤에 일하는 경우가 많고, 오늘 어디까지 끝내야 한다거나 만들어야 하는 시안이 존재하죠. 급한 디자인이 아니라면 주간엔 회의와 기획 등을 진행하고 밤엔 알아서 제작을 진행합니다. 내일 오전에 보여줄 수 있으면 되죠.

업무량

업무량을 조절하는 데는 두 가지 방식이 있습니다.

- 급여와 업무 시간을 줄이고 업무량도 함께 줄이는 방식
- 급여와 업무량을 동일하게 유지하고 업무 시간만 자유로이 하는 방식

원래 급여는 엉덩이로 버는 것이 아닙니다. 급여는 업무량으로 받아야 합니다. 시간 베이스로 급여를 책정하면 월급 루팡이 될 가능성이 높죠. 출근시간과 퇴근시간을 본인이 설정하고 그 사이엔 알아서 일하는 방식을 선호하는 요즘입니다. 시간의 자유를 부여하는 것은 업무의 결과물과 성과를 기반으로 측정하겠다는 얘기입니다. 이럴 경우에는 상호 간에 요즘 게을러졌네, 일은 안 하고 돈만 받네 어쩌네 하는 얘기가 안 나오도록 사전에 업무량과 결과물 수량, 업무 목표를 확정지어야 합니다.

'이번 달에 최소한 이 정도는 만들어야 한다'는 기준을 정해놓지 않으면 나중에 기분에 따라 '오늘은 왠지 일을 안 한 것 같은데?'라는 느낌적 평가로 의가 상할 수 있거든요. 이번 달에 끝내야 할 업무량과 해당 업무를 끝내는 데 필요한 시간을 계산해서 적당한 수준에서 협의하는 방향으로 합시다. 디자이너는 결과물이 아주 분명하기 때문에 깔끔합니다.

급여

재택근무는 급여를 조금 준다는 얘기가 아닙니다. 업무량이 동일하다면 동일한 급여를 받는 것이 맞습니다. 상식적으로는 회사 화장실도 안 쓰지, 전기도, 휴지도, 커피도, 책상도, 컴퓨터도 쓰지 않으니 오히려 돈을 더 주는 것이 맞지 않겠습니까? 회사에 나오지 않는 것을 마치 '편의를 봐주는 것'처럼 여기는 고정관념이 아직도 만연합니다. 그리고 그 편의를 이유로 급여가 낮아지는 이상한 합의를 하죠. 사실상 편의는 서로가 서로를 위해 봐주는 게 아닐까요. 만약 '회사는 주상 전하와 같고 사원을 위해 성은을 베풀고 있다'는 생각에 사로잡혀 있다면 그것은 그저 구직자와 일자리 간의 수요 공급 불균형에서 비롯된 관습일 뿐입니다. 구직자가 부족해져도 그런 생각이 들 수 있을까요? 편의를 봐주는 건 급여와 상관이 없습니다. 급여는 그저 업무 성과와 비례할 뿐입니다.

인식
앞선 네 가지가 시스템적인 계약·합의의 내용이었다면 이번에는 재택근무자에 대한 인식과 고정관념에 대한 문제입니다. 눈에 보이지 않는 사람에 대해 전통적인 인식을 지니고 있는 회사는 어떤 생각을 할까요. 최근에는 여러 스타트업에서, 또 일반 기업의 사내 복지 차원에서 월 1회 이상 재택근무를 허락하거나 재량껏 근무시간을 스스로 조절하게 하는 정책을 펼치고 있지만, 이를 바라보는 시선이 곱지 않은 것도 사실입니다. '재택근무는 침대에 누워 있는 거 아니야?' '근무한다고 해놓고 뭐 하는지 어떻게 알아?' 등등의 흘깃흘깃한 눈길들이 랜선을 타고 집까지 오는 기분이겠죠. 그런 기사에 달린 댓글들도 엉망진창이더군요. 그런데 곰곰이 생각하면 침대에 누워 있든 애인과 강릉에 놀러 갔든 집에서 춤을 추든 무슨 상관입니까? 커뮤니케이션 문제 없이 맡겨진 일을 잘 끝내면 될 일 아닌가요. 엉덩이 붙이고 오래 앉아 있는 게 회사 생활이라는 생각은 아름다워 보이지 않습니다.

세 가지 착각이 있을 겁니다. 우선 어깨 맞대고 앉아야 정이 든다거나 그래도 얼굴 보고 일해야 단합이 되지 않겠느냐는 생각. 회사가 정과 단합으로 일하는 곳이던가요. 회사는 목표가 있고 그 목표를 달성하기 위한 팀워크로 일합니다. 팀워크는 업무의 합을 얘기하는 것이지 내 맘에 드는 친구를 만드는 것이 아닙니다. 일요일에 뭐 했는지, 요즘 무슨 드라마 보는지 몰라도 일하는 데는 문제가 없습니다. 정보다는 신뢰로, 단합보다는 자부심과 책임감으로 일하는 시대입니다.

다음으로는 업무 효율성에 대한 의심입니다. 사람에 따라 집에 있는 게 오히려 힘들고 게을러진다는 사람도 있고, 어떤 전체적인 분위기가 형성돼야 일에 집중할 수 있는 사람도 있습니다. 앞서 말했듯 재택근무라는 게 꼭 침대 옆에서 일하라는 얘기가 아닙니다. 코워킹 스페이스에 찾아갈 수도 있고, 카페 또는 다른 회사에서도 일할 수 있는 것입니다. 정확히는 '원격근무'라고 말하는 것이 맞겠죠. 원격근무 자체가 효율을 떨어뜨리는 게 아닙니다. 원활하지 못한 업무 시스템과 이에 적응하지 못한 구성원들이 부딪히고 충돌하며 자꾸 문제를 만들어내죠. 내가 활용하지 못한다고 해서 그 자체가 나쁜 것이라고 치부해선 안 됩니다. 원격근무에 대한 규정과 시스템을 보완해서 일상처럼 흘러가기까지는 시간이 걸립니다. 그 이후엔 매우 쉬워지죠.

마지막으로 신뢰에 대한 문제를 제기하는 경우가 있습니다. '사람은 천성이 게으르고 안 보면 일을 하지 않는다'는 신념이 있는 분들이랄까요. 혀를 끌끌 차며 '요즘 애들은'이란 말을 붙이지만 그건 사실 과거의 당신 모습은 아니었는지 생각해봅시다. 어떤 사람들이 주변에 있었길래 그런 신념을 지니게 되었을까요. '요즘 애들'과 함께 그 묵은 생각을 깨보셨으면 좋겠습니다. 이 부분은 SK 손길승 회장, 삼성그룹 이병철 창업주가 즐겨 썼다는《명심보감》성심편(省心篇)의 구절로 대신하겠습니다.

疑人莫用用人勿疑(의인막용 용인물의)
사람을 의심하거든 쓰지 말고, 사람을 썼거든 의심하지 말라.

말 한마디 없는데 믿음이 가

: 스타일이 다른 디자이너

디자이너에게 커뮤니케이션 능력이 중요하다고들 합니다. 동의합니다. 하지만 커뮤니케이션이 언어적 요소만을 의미하는 것은 아닙니다. 실상 말은 그렇게 중요하지 않습니다. 소통에서는 말 이외에 부드러운 눈빛, 무한한 끄덕거림, 적절한 제스처 등 비언어석 요소가 더욱 숭요하죠. 하지만 어디 이런 것들이 배운다고 될 일인가요. 커뮤니케이션이란 사소한 것들의 합입니다. 얇고 작은 기기들이 더 복잡하고 고가이듯, 단위가 작아지고 디테일해질수록 난이도는 높아집니다.

그렇다면 이렇게 생각해봅시다. 이렇게 어려운 커뮤니케이션을 모두가 잘해야 할까요? 단순히 '커뮤니케이션을 잘하자'는 식으로 커뮤니케이션 자체가 목적이 되는 것은 어딘가 좀 이상합니다. 요리할 때 양파를 빠르게 써는 것은 보기에도 좋고 애인에게 근사한 쇼맨십을 보여줄 수 있는 개인기임은 분명하지만, 양파를 빠르게 써는 것이 요리의 목적은 아니니까요.

    결국에는 그 양파가 들어간 요리가 맛있어야 합니다. 우리가 이렇게 열심히 커뮤니케이션에 대해 이야기하는 이유는 '좋은 결과를 좋은 과정을 통해 만들기' 위함입니다. 그러니 좋은 커뮤니케이션은 좋은 결과를 위한 좋은 과정의 하나일 뿐이죠. 꼭 아기의 발간 볼살을 바라보듯 부드러운 눈빛이 아니어도 좋습니다. 사실 그렇게 바라보는 게 더 이상해요. 일만 잘하면 돼요. 숨겨왔던 나의 수줍은 마음 모두 네게 줄 것이 아니라면 일을 잘 끝낼 수 있는 두 가지 방법을 생각해봅시다.

냉혹한 실력주의자

클라이언트가 집에 돌아온 주인의 벙찐 표정을 바라보는 비글처럼 고개를 숙이고 눈치를 보고 있습니다. 디자이너님이 도무지 말을 하지 않습니다. 요청안을 가만히 바라본 지 10분이 지났습니다. 안 그래도 날카로운 눈매에 반무테 안경까지 써서, 냉혹한 외과의사 내지는 타협이라곤 모르는 엘리트 검사의 분위기를 가득 뿜어내고 있는 상태죠.

    "디자이너님, 뭐 더 필요하신 자료가 있나요?"

    "잠깐만요."

    '네엡…'이라고 말하려다가 돈 주는 입장에서 왜 내가 졸아 있나 싶은 생각에 말을 해보기로 했습니다.

"이런 콘셉트로 가능하신 거죠?"

오, 좋아. 뭔가 기선을 제압했겠지 하는 생각이 들 무렵 디자이너가 다시 북쪽에서 밀려온 한랭전선의 기운으로 입을 엽니다.

"네."

30분이 다 되어가는 지금까지 그의 입에서 나온 말이라고는 '볼게요' '잠깐만요' '네'밖에 없었습니다. 침묵과 어색함이 가득해서 담당자는 요실금에 걸릴 지경입니다. 이내 적막을 깨고 디자이너가 입을 열었습니다.

"그럼 이렇게 해서 금요일까지 초안 드릴게요."

'아… 네.' 기한과 금액에 큰 이견이 없는 듯하여 1차 안도가 되긴 했는데, 생각해보면 이 자료를 가지고 뭘 만들 수 있긴 한 건가 싶습니다. 자료가 더 필요하진 않을까 염려되어 할머니의 마음으로 입을 열었습니다.

"아, 혹시 자료가 더 필요하시면 언제든 메일 주세요."

"이걸로도 될 것 같아요."

묘하게 빠져드는 차가운 매력이 판타지 세계관에 나올 법한 광야의 전사 느낌입니다. 디자이너는 돌아갔고 냉랭한 그의 의자를 공허하게 바라보다가 금요일이 되었습니다. 그에게서 여전히 심플하고 냉기 감도는 메일이 왔습니다.

메일 제목: 요청 시안

메일 내용: 시안 드립니다.

군더더기라곤 찾아볼 수 없는 극한의 심플함입니다. 시안을 열어보았습니다. 파일명조차 심지어 '1.psd'입니다. 그 결과물은 가히 최고였습니다. 그토록 냉담한 커뮤니케이션의 결과라고는 믿기지 않을 정도로 감성 넘치고 포인트를 정확히 캐치한 만족스러운 시안이 눈앞에 펼쳐졌습니다. 수정은 일부에 한하여 조금만 조정하면 될 정도로도 많지 않았죠. 수정 요청 메일을 보내니 여지없이 "네, 알겠습니다"라는 단답형 메일이 왔지만 발 뻗고 보고할 수 있을 듯합니다.

이 디자이너는 말재주가 없습니다(혹은 있어도 별로 말하고 싶지 않은 상태든지). 하지만 생각을 정리하고 포인트를 꿰뚫어 보는 본능적인 인사이트가 있습니다. 디자이너는 시안으로 말합니다. 당연히 눈에 보이는 결과를 통해 본인을 증명하는 것이 우선입니다. 가장 중요한 기한과 퀄리티를 만족시킨다면 말로 오가는 편안함과 부드러움은 부차적인 문제가 되는 경우가 많습니다. 말이 없는 경우를 넘어 까칠하고 날이 선 말투와 표정도 마찬가지입니다. 멱살을 잡고 싶을 정도로 기분을 상하게 하는 것이 아니라면 말로 기분 좋게 하는 것보다 중요한 것은 결국 실력입니다. 두 번 얘기하지만 말 못해도 됩니다. 일만 잘하면.

부드러운 커뮤니케이터

클라이언트가 오더를 설명하고 디자이너는 미어캣이 되어 귀를 쫑긋거리며 듣고 있습니다. 내 눈앞의 귀여운 미어캣 같은 디자이너를 바라보니 그간 쌓였던 속내도 털어놓을 수 있을 것 같습니다.

"사실 우리가 저번에 한 번 디자인을 맡겼다가 너무 생각과 다른 게 나왔는데 기한이 다 돼서 그냥 넘어갔거든요. 그래서 지금 수정하는 거라 디자이너님만 믿고 있어요."

"세상에, 그런 일이 있었어요? 맘고생이 많으셨겠네요. 그때는 어떤 것이 많이 달랐나요?"

"색상도 좀 밝은 톤으로 갔으면 했는데 너무 흑백 위주였고, 전체적으로 조금 허한 느낌이 강했어요."

"그럼 이번엔 좀 더 꽉 찬 느낌을 주어야겠네요. 하지만 너무 난잡한 것은 싫으시잖아요. 전체적으로 톤을 좀 통일하면 요소가 많아도 잘 정리될 수 있을 것 같긴 한데, 제품 사진에는 어떤 것들이 있으세요?"

"아… 저희가 사진을 그냥 그때그때 찍어서 좀 통일성은 없어요. 전문 포토그래퍼가 찍은 게 아니라서…."

"(사진을 보며) 이 네 가지 정도의 톤으로 나머지도 통일하면 좋을 것 같은데. 이게 좀 튀는 느낌이 있네요. 혹시 사진을 추가적으로 좀 찍는 것은 어떻게 생각하세요? 나중에 웹이나 다른 결과물에도 계속 쓸 수 있을 텐데."

"그렇긴 한데 시간이 없어서…."

"그러면 일단은 이 사진들로 진행하되, 톤이 조금 튀는 건 추후에 사진을 교체해서 바꾸는 방향으로 해볼까요?"

커뮤니케이션에 질문과 제안, 상대의 의견을 묻고 공감하는 내용이 가득합니다. 전형적으로 배려 가득한 대화가 오가고 있어요. 조금만 더 대화하면 곧 낙지볶음에 소주를 한잔해도 괜찮을 듯한 친근한 분위기죠. 약속한 대로 금요일에 시안이 도착했습니다. 원래 방향과는 조금 다른 부분이 있습니다. 전반적으로 다른 시안도 받아봐야 할 것 같은 상태입니다.

"디자이너님, 좋긴 한데 조금 다른 분위기의 시안을 요청드릴 수 있을까요?"

"아, 정말요? 방향과 조금 다르게 갔나 보군요. 어떤 피드백이 나왔는지 혹시 좀 정리해서 주실 수 있을까요? 그럼 좀 정확하게 맞출 수 있을 것 같은데. 지금은 어차피 1차니까 크게 바뀌어도 괜찮아요."

결이 맞지 않아서 몇 번 왔다 갔다 하긴 했지만 "매번 요청드려서 죄송해요"라는 말과 "아니에요. 당연히 해드려야 하는 건데요, 뭘"이라는 응답이 오가는 부드러운 커뮤니케이션입니다. 서로의 감정을 이해하고 불안을 최소화하며 긴밀하게 소통하는 이런 과정은 디자인 콘셉트 기획까지 함께 들어가야 하는 경우에 매우 유용합니다. 기한과 퀄리티에 결국 문제가 없다는 전제에 말이죠.

  이 디자이너는 앞서 먼저 언급한 디자이너와는 다릅니다. 센스가 조금 부족하거나 실력이 모자라지만 커뮤니케이션으로 상대방을 충분히 감화시키고 대화하면서 간격을 채워나가는 케이스입니다. 저는 개인적으론 좀 부담스러워하는 타입이긴 하지만, 업무에서 감정 소모 없이 부드러운 커뮤니케이션을 이어갈 수 있다는 것은 좋은 무기입니다. 물론 입으로만 좋은 소리를 하고 자꾸 결과물이 엉망이면 짜증나겠죠. 소통을 통해 결과를 훌륭하게 다듬어나갈 수 있는 사람이어야 합니다.

  하루에도 수십 번씩 생각이 바뀌고 변수가 너무 많은 프로젝트에서는 후자의 디자이너가 나을 수도 있겠습니다. 이미 정해진 콘셉트나 틀이 있는 경우에는 전자의 스타일이 더 잘 맞을 수 있고요. 둘의 스타일은 확연히 다르지만 기한과 퀄리티를 확실히 지킨다는 전제라면 어느 쪽도 문제없다는 얘기입니다.

보챈다고 쌀이 밥이 되나요
: '대충, 빨리, 잘' 하는 법

"일단 시안 나오는 대로 바로바로 보내주세요. 저희가 좀 급하게 요청드려서 죄송합니다."

지금까지 의뢰받은 메일을 보니 위와 같은 멘트가 빠지지 않았습니다. 왜 만날 디자인 시안은 급하게 요청하는 것일까 생각해보았습니다. 아무래도 머릿속 생각들을 냉큼 눈으로 봤으면 하는 마음이 아닐까요. 그러나 디자이너는 시안 자판기가 아닙니다. 덜컹 하고 시안이 나오지는 않죠. 그러나 매번 '그렇게 빨리는 안 돼요'라고 쳐낼 수도 없는 노릇이고, 그렇다고 요구를 매번 들어주자니 말라 죽을 판이었죠. 내가 시안을 만드는 데 시간이 걸리듯 클라이언트 쪽에서도 의사 결정을 위한 메일 회신, 결재 등의 시간이 소요된다는 걸 이해하기에 이럴 때는 결정이 쉽지 않습니다.

빠르게 요청한 건에 대해 지문이 닳도록 만들어 보내면 추가적인 멘트가 돌아옵니다.

"조금 더 디자인적인 요소가 들어갔으면 좋겠습니다."

퀄리티를 내달란 이야기죠. 잠시 뒷목을 잡고 눈을 감아봅니다. 찬물을 천천히 들이마시고 다시 포토샵을 켜다 보면 문득 자신의 진로와 미래에 대해 진지하게 고민하게 되고, 혹시 디자이너가 내 길이 아닌가 하는 자기 성찰의 현자 타임이 몰려옵니다.

인하우스 디자이너든 외주 디자이너든 이러한 경험들이 한 번쯤은 있을 것입니다. 이 과정에서 클라이언트도 엄청 스트레스를 받긴 마찬가지입니다. 서로 눈에 보이지 않으니 죽일 놈 살릴 놈 하는 것이죠. 이번 이야기는 디자이너가 잘 들어야 할 이야기이기도 하지만, 여러분이 관리자라면 인하우스 디자이너에게 꼭 들려줘야 하고 오더를 줄 때도 참고하면 좋을 이야기입니다.

대충

최종 시안을 만들기 전에 사전 콘셉트 조율을 위해 레퍼런스나 프로토타입, 콘셉트 시안을 주고받을 때의 단계가 있습니다. 이런 콘셉트 시안을 정성 들여 하나하나 선을 따고 누끼를 따고 정렬까지 맞춰가며 상세하게 만들 필요는 없습니다. 경험상으로 보아 대충 할 거면 아예 대충 하는 편이 좋았습니다. 어설프게 포토샵으로 만지면 클라이언트 입장에서는 '진짜 이렇게 만들어지는 건가…?' 싶어서 불안해지거든요. 그냥 손으로 그리든지 PPT로 대강 위치만 잡아서 정말 '아, 대충 이런 거구나'라고 느낄 만큼 러프하게 보내는 게 좋습니다.

디자이너 입장에서야 대략 느낌을 잡기 위해서 컬러나 이미지 등도 최대한 유사한 것들을 써서 만들고 싶겠지만, 사람의 사고 회로는 '확정'에 꽤나 익숙해져 있습니다. 그 시안을 보고 앞으로 나올 시안을 유추하고 상상하는 것은 만든 사람에게만 가능한 일이죠. 클라이언트 입장에서는 지금 보고 있는 이미지 자체가 '확정안'처럼 느껴집니다. 그러니 '이것은 확정 시안이 아니다'라는 것을 어필하고 싶다면 일반인들이 생각하는 '시안'에서 최대한 멀리 떨어지도록 진짜 '대충' 만들어 보내는 편이 낫습니다. 클라이언트 여러분도 첫 시안은 그냥 손으로 그려달라고 하든가, 아니면 정말 PPT에 대강만 보여줘도 된다고 요청해주세요. 디자이너는 본능적으로 포토샵을 켜고 뭔가 하나하나 손대기 시작할 겁니다. 지금 그걸 기다리고 있을 때가 아닙니다. 그냥 '대충 해주세요'라고 하면 안 됩니다. 디자이너와 클라이언트가 생각하는 대충의 기준이 서로 다르거든요. 이렇게 요청하도록 합시다.

"PPT에 그냥 네모, 선, 아무 텍스트나 넣어서 대략적인 위치만 잡아 보여주세요."

"일단 배치만 보려고 하니, 손으로 대략 표시만 해주셔도 됩니다. 카톡으로 찍어서 보내주셔도 돼요."

빨리

방법의 차이야 있겠지만 제안서 디자인을 한다고 치면, 20페이지를 모두 완성해 한 번에 보내주는 방법이 있고 하루하루 완성되는 분량마다 보내서 확인받는 방법이 있을 겁니다. 대부분의 클라이언트는 후자 쪽을 굉장히 선호했습니다. 빨리 보고 싶은 것이죠. 4페이지 정도 만들어지면 바로바로 받아서 확인하고 즉각 피드백을 주는 형식을 좋아합니다. 그래서 저도 일할 땐 한두 페이지 만들어지거나 대략 구도만 나와도 먼저 전달해주곤 합니다. 리모트로 작업하는 경우에는 카톡으로 바로바로 '복붙'해서 "이렇게요?" "아니면 이렇게요?" 하며 확인하는 커뮤니케이션을 상당히 통쾌해하는 분들이 많았습니다. 그래서 아예 미팅할 때부터 딱 집어서 얘기합니다. 카톡 잘 보시라고. 급한 경우라면 주말도 밤도 없을 것임을 미리 예고해드립니다. 나는 밤새워 일하는데 담당자가 놀고 있으면 안 되죠. 나는 돈을 받고 여러분은 월급을 받으니 서로의 일에 충실해야 하지 않겠습니까.

디자이너가 딱히 커뮤니케이션 방식에 대해 언급하지 않으면 어떤 식으로 소통하면 좋을지 먼저 물어보세요. 카톡이나 메일, 메시지, 또는 별도의 협업 툴이나 구글 드라이브 등을 활용하는 방법도 있을 겁니다. 연락 불가 시간은 언제인지, 주말 근무도 가능한지 다 체크하시는 게 좋습니다. 사실 이런 게 조율되지 않은 상태로 막무가내로 일하다 보면 서로 오해가 생기고 감정 상할 일이 생깁니다. 빨리 보여달라는 것이 완성본을 달라는 얘기가 아님을 꼭 인지시켜주세요. '일단 지금 한 것만' 보여달라고 말하면 좋습니다.

잘

1번이 최초 콘셉트 잡는 과정, 2번이 만드는 과정이라면 3번은 워싱 단계입니다. 시안이 대략 확정되었다면 어느 정도 다듬으면서 퀄리티를 만들어내야 할 것입니다. 주의해야 할 점은 여기서 '잘' 만든다고 하는 것은 앞에서 '대략 확정'된 시안을 다듬는 수준이지 갈아엎는 과정이 아니라는 것입니다. 갈아엎는 것이라면 다시 '대충' 단계부터 시작해야 하죠. 가끔 확정 시안은 타이틀이 왼쪽에 있었는데 워싱하면서 갑자기 가운데로 옮기는 경우가 있습니다. 디자이너가 욕심을 부리기 시작한 것이죠. 그건 워싱이 아니라 '다른 시안'이 된 것이에요. 꼭 말해주세요. 요소들은 건드리지 말고 지금 상태에서 디테일한 부분만 다듬어달라고.

'대충, 빨리, 잘'이라는 개념이 디자이너에게 필요하기는 하지만, 사실 모든 디자인 작업에 통용되는 절대 명제는 아닙니다. 전체적인 업무 속도와 커뮤니케이션을 원활하게 만들고 일을 빠르게 매듭짓는 것이 목적이라면 충분히 도움이 되겠죠. 하지만 UX를 고려한 섬세한 웹사이트 로직을 구축한다거나 아이콘의 가시성, 상징을 하나하나 분석하며 메뉴 바를 만들 경우, '리딩 사이콜로지(Reading-Psychology)'를 고려한 고퀄리티의 타이포그래피 등을 만들어낼 때는 성닐 제품을 다루듯 섬세하고 심도 있는 연구가 필요합니다. 업무 속도를 조절하는 것은 온전히 클라이언트와 디자이너의 협의에 의해 내려져야 할 판단입니다. 빠르게 쳐내야 하는 작업과 깊이 있는 기획이 들어가야 하는 작업을 구분해서 충분한 설득과 전체 업무 조율을 이끌어내는 것이 무엇보다 중요하겠습니다.

대표님 옆에서 살살 웃는 쟤가 싫어

: 귀에만 달콤한 디자인

"이렇게 색이 대비되면 눈에도 확 들어오고 고객들의 이목을 끌 수 있어요. 원래 대표님이 원하시던 게 이런 모양이었잖아요."

"맞아. 그렇긴 하지."

"제 디자인 아시잖아요. 한번 할 때 제대로 하는 거. 이번 거는 딱 이게 좋아요. 여기서 레이아웃 바뀌고 그러면 일단 제목도 안 보이기 시작하고, 옥외광고로 진행될 거면 주변 상황도 신경 써야 하잖아요. 그런 거 보면 이쪽 시안보다는 이쪽이 낫죠."

"그런가?"

"그렇죠! 이거 여기서 끝내고 다음 홈피 배너 진행해야 해서, 그럼 이렇게 넘길게요."

"어? 어… 뭐… 팀장에게 한번 보여주고 괜찮다 하면, 뭐 그렇게 해."

대화만 슬쩍 보면 굉장히 커뮤니케이션을 잘하는 디자이너 같습니다. 유연하게 설명하고 근거도 들면서 명확하게 주장을 어필하고 있는 듯하죠. 무엇보다 대표님과 꽤 친분이 있어 보이네요. 편하게 대표님에게 바로 가서 어필하는 걸 보면.

조금 자세히 봅시다. 대화를 보면 팀장 보고를 누락한 상태입니다. 바로 대표에게 달려가 시안 컨펌을 마음대로 내버렸어요. 끊임없이 말을 걸고, 친분을 이용한 곁도는 얘기로 가득합니다. 마술쇼에서 살짝 보여주는 카드 패처럼 시안도 짜잔 보여주고는 어디론가 사라져버렸습니다. 디자이너인지 마술사인지 모르겠네요. 손은 눈보다 빠릅니다. 밑에서 시안 한 장, 위에서 한 장…. 이쯤 되면 어떤 '팩트 폭행범'이 등장해 손목을 잡고 '손모가지 대사'를 쳐주면 좋겠네요.

시안을 능숙하게 설명하거나 프레젠테이션을 병행할 수 있는 디자이너는 흔하지 않습니다. 그래서 말을 잘하거나 글을 잘 쓰는 디자이너들이 유난히 돋보이기 마련이죠. 많은 디자이너들의 고민 중 하나가 '상대를 어떻게 설득하면 좋을까'라는 것을 생각하면 그의 능력은 참으로 유용해 보입니다. 그러나 종종 이러한 능력이 '구렁이' 같은 속성을 지니면 묘하게 변해가죠. 클라이언트들은 보통 말을 잘하고 능숙한 디자이너를 보면 '일 잘한다!' '원래 다른 일 하셨어요?' '디자이너 같지 않아요' 같은 말들을 합니다. 그만큼 디자이너에게 언어 능력이 요구된다는 반증이기도 하지만, 여러분도 이러한 신기함 때문에 본질을 종종 잊곤 합니다. '그럴싸한 것'과 '잘한 것'은 구별해야죠.

현혹인가 설득인가

말을 잘하는 것과 말이 많은 것은 다릅니다. 말을 잘하는 건 소위 '깔끔함'에서 비롯됩니다. 재미와 위트도 그 깔끔함 위에 얹히는 맛있는 장식이죠. 좋은 말은 상대에게 명료한 메시지를 줍니다. 판단이 명확해지고 근거들 간의 관계가 한눈에 보입니다. 그러나 '많은 말'은 혼란을 야기하죠. 뭔지 모르겠어서 그냥 그런 듯한 느낌을 줍니다. 듣긴 했지만 그림을 그릴 수는 없고, 같은 말만 반복됩니다. 감정적으로 쫓기는 느낌이 들고, 내가 원하는 정보만 짚어서 주기 때문에 자극적입니다.

보통 사람은 대화를 전체 맥락으로 이해하지 않습니다. 이전의 대화는 금세 사라지기 마련이죠. 우리가 기억하는 건 바로 앞의 문장입니다. 이런 방식을 이용해 결국 '앞문장+뒷문장'으로만 구성된 두 마디의 설득이 계속 이어지는 것입니다. 컨펌하는 클라이언트 입장에서는 현혹과 설명을 잘 구분해야 합니다. 이는 디자인을 잘 알고 모르고의 문제가 아닙니다. 원래의 제작 목석과 우리 회사의 색깔이 있다면 디자인은 그것을 기준으로 판단하면 됩니다. 디자이너의 말은 참고 사항일 뿐이죠. 그것을 따를지 말지는 결정권자의 몫입니다. 디자이너가 하는 말이 현혹인지 설득인지 구별해봅시다.

① 가만히 듣기

사람은 자신의 조급함을 자꾸 질문으로 돌리는 경향이 있습니다. 사실 그 질문은 혼잣말과 같죠. 자신에게 되물으며 말을 정리하는 겁니다. 그래서 현혹하는 말들은 질문형 문장이 꽤 많습니다. '그쵸?' '맞죠?' '그렇게 생각하죠?' 등등 상대의 동의를 구하고 싶어 안달이 나 있죠. 이럴 땐 별말 없이 그저 가만히 듣도록 합시다. 설득하려는 말이었다면 상대도 가만히 있을 것입니다. 메시지를 충분히 전달했으니 그 이상의 말은 더 없는 것이죠. 하지만 현혹이었다면 집요해지고 다급해지는 모습을 보입니다. 말이 더 많아지고 불안해하죠.

② 되묻기

"그러니까 이게 색이 좋기 때문에 이걸 선택해야 한다는 거예요? 그렇죠?"

오히려 내 쪽에서 정리해서 되물어봅시다. 설득하려는 사람 입장에서도 굉장히 당황할 수 있는 방식입니다. 보통 이렇게 한두 개 포인트로 압축해서 되물으면 현혹하려는 쪽에서는 그것 말고 다른 의견을 마구 덧붙이기 시작합니다.

"그렇죠. 색뿐만 아니라 레이아웃이나 기타 등등 뭐 비용적인 면에서도 훨씬 이게 좋아요."

마치 핸드폰 기기 값을 낮춰달랬더니 자꾸 '폰 케이스 주겠다, 부가서비스 있다, 제휴카드 있다, 인터넷 결합, 36개월 하면 어쩌고' 다른 서비스를 덧붙이며 이게 얼마나 이득인지 어필하는 느낌이죠. 변명이 많아지고 방어적인 단어들이 나올 겁니다. '꼭 그렇다기보단…' '여러 경우의 수가 있는데…' '일단 아직 확정은 아니지만…' 등의 말들이 많이 등장하죠.

진짜 설득을 하려는 경우였다면 '네, 그렇죠'라는 식으로 정리한 내용을 확인하는 선에서 그치기 마련입니다.

③ 보고 체계 확실히 잡기

회사도 사람이 사는 곳이다 보니 친한 사람과 서먹한 사람이 존재하기 마련입니다. 인하우스 디자이너가 대표와 친하고 팀장과는 서먹하다면 보고 체계나 권한에 어긋나는 커뮤니케이션이 진행될 수도 있습니다. 더 높은 상급자에게 컨펌을 받아버리면 팀장은 할 말이 없을 게 아닙니까. 이러한 문제가 자주 발생하면 디자인 팀 내부에서도 갈등이 생깁니다. 의사 결정 과정이 꼬이기 시작하면서 '저런 여우 같은 것' '이빨만 까고 있다' '진짜 입디자인 한다' 등의 소리가 나옵니다. 원래 당하는 사람은 상황을 제대로 볼 수 없죠. 그 광경을 보고 있는 제3자의 눈이 더 정확할 때가 많습니다. 나머지 직원들은 마치 아침 드라마의 막장 음모를 보듯 치솟는 분통을 직접 느낄 수 있겠죠. 드라마와 다른 점이 있다면 여러분이 직접 피해를 볼 수 있다는 점입니다. 퀄리티는 엉망이고 성과도 나오지 않고 사내정치는 심화됩니다. 실력자들은 등을 돌리기 시작하고 간신들만 주변에 남게 되죠.

업무를 할 때 관계보다 먼저인 것이 규율과 시스템입니다. 보고 체계와 컨펌 절차는 명확하게 지키도록 합시다. 우리는 말 잘하는 디자이너가 아닌 일 잘하는 디자이너를 원하니까요.

기왕 한다면 하얗게 불태워보자
: 디자인 회의의 정석

- 음… 어제 뭐 했어?
- ○○에 대해 얘기해보자…. 누구 의견 있는 사람?
- 괜찮아, 괜찮아. 편하게 얘기해 편하게….
- 근데 그건 좀 그렇지 않나?
- 이번에 어디에서 한 거 그거 좋던데….
- 어… 그러니까 그게….

많이 보던 장면이죠. 최근 제가 만나는 클라이언트 회사에선 볼 수 없는 옛날 방식의 그림이긴 하지만, 아직도 일부 회사에선 회의 도중 저런 멘트들이 심심치 않게 등장합니다.

보통 이와 같은 상황이 반복되는 이유는 회의 목적이 이상하게 설정되어 있기 때문입니다. 회의의 목적은 크게 두 가지가 있을 수 있습니다. 첫 번째는 의사결정형 회의입니다. A와 B 중 무엇을 선택하느냐의 문제이고 표결을 통해 하나를 결정하죠. 하지만 회사에서 이루어지는 대부분의 회의 주제는 가부 결정이 아닙니다. 그보다는 좀 더 방법론적인 얘기가 많고 어떤 인과관계와 근거, 논리에 의해 결론을 내리려고 합니다. 이것이 두 번째, 결과도출형 회의입니다. '그래서 우린 이제 어떤 행동을 할까?'에 대한 얘기가 많습니다. 그 과정에서 '이런 건 어떨까, 저런 건 어떨까'라는 세부 내용에 대한 찬반이 있을 수는 있지만 회의의 큰 목적은 '행동의 구성'을 결정하는 일이죠. 구성이란 행동의 종류와 그 범위, 책임 등 세부적인 내용을 의미합니다.

디자이너와 회의하는 방법은 스타일과 성격에 따라 굉장히 다르지만 가장 이슈가 되는 건 역시 '콘셉트 회의'와 '피드백 회의'입니다. 작업의 초기와 중간에 각각 치열한 회의가 한 번씩 있다는 데 포커스를 맞추어 다음 내용을 살펴봅시다.

콘셉트 회의

콘셉트 회의는 수렴형 회의입니다. 다양한 아이디어를 늘어놓는 것이라고 생각하지만 그건 아주 잠깐, 그것도 일부 순서에 한정된 얘기입니다. 아이디어를 늘어놓는다는 것은 창의적이고 새로운 것들을 꺼내는 것이 아닙니다. '현재 내 생각을 정리해서 표현한다' 정도가 가장 적당하겠네요. 이전부터 느껴왔고 오늘도 하고 있는 여러 가지 생각들을 정리해놓고 작업을 시작하는 것입니다. 이것을 브레인스토밍이라고 잘못 말하는 경우가 있는데, 브레인스토밍은 어떤 주제에 대해 연상되는 것들을 자유롭게 늘어놓는 발산형 행위입니다. 우리가 하려는 것은 자기 고백 내지는 좀 더 솔직한 메타인지에 가깝죠. 디자인은 여러분의 모습을 시각화하는 것입니다. 내 것이 아닌 환상의 디자인을 만들 수도 있겠지만, 그게 무슨 의미가 있을까요? 그저 한번 멋져 보이는 것…? 회의는 우리의 모습을 정확히 인지하는 것부터 시작합니다.

① 일단 지금 하고 있는 모든 일을 나열한다
콘셉트란 구슬을 꿰는 줄과 같습니다. 우리의 행동을 하나로 만드는 어떤 것이죠. 이를 발견하려면 일단 우리가 하는 일들을 나열해볼 필요가 있습니다. 구슬이 꿰어진 줄을 찾기 위해 일단 목걸이를 풀고 구슬들을 하나하나 떼어보는 것이죠.

② 그 일의 의도와 시작, 진행 상황, 앞으로의 진행 계획을 적는다
각각의 구슬을 확인해봅니다. 여러분이 맡은 일이 왜 시작되었고 현재 어떤 목표를 지니고 나아가고 있는지 확인해봅시다. 이

제 앞으로는 어떻게 진행하실 건가요. 이 과정을 거치다 보면 우리 회사가 벌이고 있는 여러 가지 일들에 대해 좀 더 직관적으로 관찰할 수 있습니다.

③ 4분면으로 쪼갠 도식도를 그린 뒤 X·Y축의 이름을 설정한다
X축의 마이너스 부분에 과거/축적형/아카이빙/데이터수집 등 무언가 모이고 쌓이는 것들을 놓습니다. X축의 플러스 부분엔 창의/신규/확장과 관련된 프로젝트를 놓습니다. Y축의 마이너스 부분엔 지금 문제가 있어서 고치고 있는(0을 정상 상태로 볼 때 마이너스인 부분을 정상화하는) 일을, 플러스 부분엔 매출이나 생산력을 더욱 강화하기 위한 고취 행위를 놓습니다. 그리고 각 업무들을 4분면 위에 점으로 표시해봅니다.

④ 우리의 방향이 어느 쪽으로 가고 있는지 확인한다
우리 업무는 주로 어디에 많이 포진되어 있는지 살펴봅시다. 문제점들을 쌓아두고 그저 새로운 일을 벌이는 데만 급급하진 않나요. 또는 과거의 것만 정리하느라 새로운 일을 시도하지 못하고 있는 건 아닌가요. 우리의 행동들이 분포된 점으로 표현되기 시작하면 회사의 모습이 서서히 드러납니다.

⑤ 비슷한 사업체는 어떤 식으로 이미지를 구현하는지 살펴본다

레퍼런스를 찾는 것은 중요합니다. 단순히 브레인스토밍에만 의지하거나 책상 앞에서 뭔가를 연구하는 것보다는 더 다양하고 실질적인 사례들을 함께 놓고 A라는 방향성에선 어떤 이미지들이 필요한지, 어떤 행동들을 주로 선택하는지 확인해볼 필요가 있죠.

⑥ 태도를 선택한다

레퍼런스는 보고 베끼는 용도가 아닙니다. 정확히는 가늠자와 같은 역할을 해주죠. 우리가 상대 업체와 어떻게 달라질 수 있는지(파격성을 주로 둘지), 어떤 점을 유사하게 가져갈지(유사성을 주로 둘지)를 결정합니다.

⑦ 브랜드 콘셉트와 진행 방향의 결을 맞춰 텍스트로 변환한다

해당 문장은 슬로건처럼 추상적이어서는 안 됩니다. 회사 소개에 들어갈 보일러 플레이트와 같죠. 그다음 해당 텍스트를 표현할 수 있는 이미지를 브레인스토밍합니다. 만약 우리 회사가 '크리에이터와 해외시장을 잇는 가장 빠른 길'이라는 콘셉트를 지녔다면 A와 B를 잇는 선이라는 중심 이미지를 놓고 그와 연상되는 다양한 이미지를 늘어놓습니다. 고속도로, 터널, 순간이

동, 블랙홀, 내리막길, 지름길 등 빠른 길을 연상시키는 이미지들은 많습니다.

⑧ 최적의 이미지를 선택하고 이미지의 변형, 컬러 구성 등 디테일한 부분을 잡아본다
이들 중 가장 적합한 이미지를 선택하고 우리 로고나 브랜드 가이드에 맞게 변형합니다. 또한 선택한 이미지가 각 디자인 결과물(제안서, 브로슈어, 웹디자인, 홍보물)에 어떤 식으로 베리에이션될지도 고민해봅니다.

여기에서 세부 내용은 디자이너의 재량에 맡기게 됩니다. 그러나 UX 기획이나 패키지 등 어려운 디자인 프로젝트라면 심각하게 회의를 계속해야 할 것입니다. 회의 내용은 녹취합시다. 메모나 랩톱에 남기는 것도 좋지만 텍스트만으로는 놓치는 부분이 너무 많습니다.

레이아웃, 컬러 등 해야 하는 요소를 잡았다면, 반대로 절대 하지 말아야 할 요소도 잡아야 합니다. 어떤 이미지든 텍스트든 절대 올라올 수 없는 제한선을 둔다든가, '이 채도 이상으로는 높이지 않는다' '이 크기 이상으로는 절대 키우지 않는다'와 같은 제한 요소를 설정하는 것이 오히려 '하는 걸' 규정하기보다

효율적일 때가 많습니다. 제한 요소를 제외하면 무엇이든 가능하다는 얘기이니 선택의 폭이 넓어질 수 있죠.

피드백 회의

피드백은 앞에서 언급했듯 순차적인 열거를 통해 요소들을 확인하면 되는데, 회의 과정에선 앞에서 합의된 내용이 잘 지켜지고 있는지 검토하거나, 만들다 보니 현실적으로 별로 좋지 않은 부분들을 수정해서 다시 규정하는 과정을 거칩니다. 그리고 새로운 가이드를 구축합니다. 이 때문에 회의 과정에서 나온 여러 말들과 결정된 사항들은 일종의 가이드라인처럼 작동해야 합니다. 단순한 회의록에 그치기보다 이러한 가이드를 공유하며 서로 철석같이 지키는 형식이 되어야 회의의 의미를 살릴 수 있죠.

그리고 기왕이면, 오늘 조금 내일 조금 나누는 것보다는 하루에 몰아서 거칠고 땀나는 회의 시간을 쭉 이어가기를 추천합니다. 사람이 내일 되면 또 내일 마음으로 바뀌고 모레가 되면 모레 마음으로 바뀝니다. 차라리 진을 빼놓을 정도로 회의를 해야 우리의 결정이 굉장히 심사숙고한 결정이며 현명한 판단이었다는 생각을 유발할 수 있죠. 이는 '제로 리스크 편향'이라고 하는 인지 편향과도 관련 있는데, 흔히 복잡하고 어렵게 완료한 것들에 대해 '완벽하고 리스크가 없다'고 인식하는 심리입니다. 반면 가볍고 쉽게 끝난 회의에 대해선 얼마 지나지 않아 재차 의구심이 들고 바꾸고 싶은 욕망이 샘솟죠. 방향을 잃지 않는 치열한 회의는 반드시 좋은 결과물로 고생한 시간에 보답합니다. 졸음을 이겨내고 머리가 하얘질 정도로 불태웠던 시간이 헛되지 않도록 회의 시간을 현명하게 보내길 바랍니다.

솔직히 말해서 맘에 안 들어
: 피드백은 죄송할 일이 아니다

디자이너와 커뮤니케이션을 하면서 가장 민감한 부분이 크리틱과 피드백 과정이 아닐까 싶습니다. 물론 용상에 앉아 계시는 분들은 종종 지엄하신 어명으로 피드백을 하달하시기도 하지만, 대부분의 사람들에게는 누군가의 결과물을 '깐다'는 게 쉬운 일은 아닙니다. 기술적으로나 감정적으로나 서로 말하기 힘든 부분이지만 그렇다고 안 할 수도 없는 일이죠. 수정은 해야 하고 결과물은 내야 하므로 결국 어떤 부분에 대한 평가와 요청이 꽤나 '자주' 있는 것이 디자인 커뮤니케이션의 특징입니다.

결론부터 얘기하자면 이러한 피드백은 오히려 보내는 쪽에서 깔끔하고 별 감정 없는 편이 좋습니다. 보내는 쪽이 너무 죄송해하고 부담스러워 하면 받는 쪽에서도 좀 민망하고 그렇습니다. 물론 사람에 따라 다를 수 있으니 본인이 좋은 스타일로 상대방에게 요청해주시면 좋습니다. 저 같은 스타일은 제가 템

플릿을 오히려 보내는 편입니다. 거기에 단어로만 적어달라고 요청하죠. 사실 '안녕하세요. 고생하셨는데…' 등등 여러 인사말을 추가하는 것 자체가 좀 에너지 소모라고 생각하거든요. 몇몇 예들을 통해서 피드백 내지는 불만을 토로하는 스타일을 알아보도록 합시다.

본론을 이야기 못하는 스타일
"음 그러니까, 디자이너님께서 생각이 다 있으셔서 이렇게 했을 것 같아요. 그래서 디자이너님의 생각을 적극적으로 반영하려고 하고 있고요. 가능하면 그 의견을 건드리지 않는 선에서 최대한, 그러니까 바뀔 수 있는 부분에 대해서 고민이 많이 되었거든요. 그래서 디자이너님이 보시기에 혹시 어떤 그런… 바뀔 부분에 대해서…"
"그냥 얘기하세요."

형사 스타일
"이거 왜 이렇게 하셨어요? 이건 좀 아닌 거 같은데요? 파란색이 더 나은 거예요? 음… 이쪽에 이건 위치가 왼쪽이 맞나요?"
"아니 물어보지 마시고 요청 사항을 얘기하세요."

대차게 까는 스타일

"이건 잘못된 것 같고요. 이건 좋지 않은 것 같아요. 이건 효과가 없을 것 같고, 이건 무의미해 보여요."

"…"

도무지 정리를 못하는 스타일

"이건 왼쪽으로 하는 게 좋을 것 같고요. 이 아래 이미지는 좀 밝게, 아 맞다! 위에 오른쪽에 이 텍스트는 좀 가운데 쪽으로 하고, 아까 그 이미지를 이 위로…? 아니 이건 좀 밑으로…. 그리고 중간에 있는 얘는 위로 올려서 이렇게… 하는 게 좋을까요? 아니면 그냥 놔두는 게 좋겠어요."

"…?"

혹시 여러분이 이 네 개 유형 중 하나의 대화법을 구사하고 있거나, 여기 포함되진 않더라도 감정 다치지 않게 깔끔한 피드백을 하고 싶다면 아래의 몇 가지 꿀팁을 기억하세요.

① 위에서부터 아래로 수정 내용들을 정리한다(헤드 부분, 메인 이미지 부분, 하단 텍스트 부분 등).
② 수정 사항은 반드시 넘버링한다(1번, 2번, 3번 등).

③ A를 B로 바꿀 때 B에 대해서 구체적이고 직관적으로 명시해준다.

예) 조금 발랄한 느낌으로(X) - 색을 붉은색 계열로(O)

④ 수정은 보통 3회까지 무료로 진행하고, 그 뒤에는 비용을 청구하는 경우가 많다. 한 번 수정 요청을 할 때 종합적으로 피드백을 싹 정리해서 전달하는 것이 서로를 위해 좋다. 자꾸 마이크로 매니징같이 진행되면 피로도가 높아진다.

⑤ 막 미안하고 죄송하다는 말은 굳이 붙이지 않아도 된다. 그저 "내부적으로 나온 피드백을 정리하여 전달해드립니다. 감사합니다" 정도로 표현하면 된다.

⑥ 수정 기한에 대한 상호 협의는 필수다. "수정이 언제까지 진행될 수 있을까요? 저희 일정상으론 목요일까지는 완료가 되었으면 좋겠습니다. 의견 알려주시면 조율해보겠습니다" 정도로 기한에 대한 협의를 진행하자. 수정 내용과 양에 따라 기한은 민감한 문제가 될 수 있다.

⑦ 수정이 3회까지 무료라고 할 때 '수정'은 전체 디자인물의 일부분에 한해 진행되는 경우를 의미한다. 전체 톤을 바꿔달라든지, 다른 콘셉트로 하나 더 보여달라는 것은 수정이 아니라 새로운 시안을 만드는 것과 같아서 추가 비용이 불가피하다.

⑧ 정말 맘에 들지 않을 경우에는 방향성과 협의 내용에 대한 검토와 함께 피드백을 한다. "당초 저희가 논의했던 내용상에선 아래와 같이 진행되기로 했었는데, 결과물에서 해당 내용이 조금 더 드러났으면 하는 바람입니다"라는 식으로 커뮤니케이션 히스토리를 근거로 얘기하는 것이 납득을 끌어내기 쉽다. 그렇다고 처음부터 너무 히스토리들을 쭉 늘어놓으며 "우리가 분명 이렇게 얘기했는데 지금 이게 안됐잖아요!"라는 식으로 몰아붙일 필요는 없다.

피드백은 싸우자는 얘기가 아닙니다. 서로 더욱 좋은 결과물을 만들기 위해 의견을 공유하는 시간이죠. 괜히 미안해할 필요도, 그렇다고 고압적일 필요도 없습니다. 디자이너에게 크리틱은 아주 자연스러운 과정이고, 초안에서의 수정은 당연히 필요합니다. 크리틱과 피드백을 거듭할수록 더 좋은 아이디어와 방향이 잡히는 경우가 굉장히 많기 때문에 수정을 기듭하면서 서로의 니즈를 맞춰나가면 되죠. 그 과정에서 서로 마음의 상처를 주지 않기 위해 필요한 건 다음과 같은 온화한 어미 정도입니다.

"~하는 방향이 어떨까 싶습니다."
"~인 쪽을 생각하고 있습니다."
"~는 어떠신지요."

"~라는 의견이 나왔습니다."

 이렇게 어휘의 날카로움 정도만 신경 쓴다면 충분합니다. 쫄지 말고 자신 있게 의견을 이야기해봅시다.

이사님 또 출장 가셨어요?
: 보고만 하다 끝나는 프로젝트

"아! 맞다. 그 자료 곧 넘겨드릴게요."

담당자의 황급함이 이모티콘의 땀방울 넘어 전해졌습니다. 15분 뒤 담당자에게서 연락이 왔습니다.

"제가 잘못 알았나 봐요. 그 자료는 제 쪽이 아니라 다른 쪽이 담당하고 있어서 그쪽에서 드릴 거예요."

"그분과 직접 연락할 순 없나요? 어떤 채널로 주시는 거예요?"

"잠시만요!"

잠시라고 한 잠시기 흐르고 다시 연락이 왔네요.

"메일로 보내드렸다고 하네요! 혹시 받으셨나요?"

"네, 메일로 오긴 왔는데 그럼 이 건은 이분께 드려야 하나요?"

"아니요, 그냥 저에게 주시면 돼요!"

"그럼 수정 피드백이나 추가 자료 요청은 어떻게 해요?"

"아… 음, 그건 그분께 받아야 하는데…. 그럼 잠시만요!"

마찬가지로 잠시가 또 흐른 뒤 받은 연락은 이러했습니다.

"필요한 자료 말해주시면 제가 요청해서 보내라고 할게요!"

"아니, 그러지 말고 담당자님이 한 번에 해주시면 안돼요?"

"아, 그럴까요?"

의뢰받은 프로젝트는 사용 설명서와 홍보용 브로슈어에 대한 건이었습니다. 그런데 설명서와 브로슈어의 담당자가 달랐던 것이죠. 두 담당자 중 누가 선배고 기가 더 센지 알 순 없었지만, 작업 시간 중 45분이 '잠시만'을 기다리다가 사라진 것은 명백했습니다.

누가 전달하고 누가 컨펌하는가

다음 사례도 살펴봅시다. 어느 중소기업의 회사 소개서와 로고 리뉴얼 건이었는데, 아무래도 담당자가 6두품 신입이고 팀장님은 성골 귀족 정도 되었던 것 같습니다. 수화기 너머 담당자가 머리를 긁적이며(보이진 않았지만 분명 긁적였을 것입니다) 입을 열었습니다.

"아, 보내주신 콘셉트 시안은 잘 받았고요. 이제 팀장님께 보고해서 결정한 뒤에 알려드릴게요."

"그럼 콘택트 포인트는 어디로 정리할까요?"

"일단 저에게 연락해주시면 제가 팀장님한테 전달할게요."

"네(일단 뭐…). 알겠습니다."

이렇게 마무리한 뒤 하루가 지났습니다. 아니 팀장님이면 아무리 멀어도 지척에 있을 텐데, 혹시 어디 출장을 가신 건가 싶어 재차 연락을 해보았습니다. 급하다고 했던 건이라 저도 조급해지던 차였죠.

"어제 말씀드린 콘셉트 시안은 어떻게 결정되었나요?"

"아, 그게 팀장님께는 보고가 올라갔는데 일단 세 개 중에 하나로 말씀은 하셨거든요. 근데 이사님께도 보고를 드려야 하는데 지금 잠시 자리를 비우셔서 돌아오시는 대로 확인해서 알려드릴게요!"

그렇게 하루가 또 지났습니다. 보통 "잠시 자리를 비우셔서"에서 '잠시'는 열두 시간 정도를 의미하는 듯합니다.

"어떻게 진행하는 게 좋을까요?"라고 이번에는 이모티콘 없이 메시지를 보내보았습니다. 소위 '정색'을 한 것이죠. 한참 뒤 담당자에게서 메시지가 왔습니다

"아… 이사님께서 확인은 하셨는데, 대표님과 공유해서 피드백 주신다고 하네요."

대표님까지 올라갔으니 하루가 더 넘어가겠구나 생각하며 닭볶음탕에 소주를 한잔하고 있었습니다.

"대표님께서 내일 중으로 바로 알려주시겠다고 하네요!"라고

밤 12시에 온 카톡을 보니 마음이 짠해지고 애틋해지면서 뭔가 뜨거운 것이 뭉클하니 올라오는 듯한 기분이었는데, 닭볶음탕이 매워서 그랬을까요. 예상대로 이튿날이 되어서야 답변이 왔는데….

"일단 모든 콘셉트를 확인은 했는데, 혹시 좀 다른 형태의 시안 한 개만 더 보면 좋을 것 같다는 의견이 나와서요! 세 번째 콘셉트에서 조금 심플한 느낌으로 하나만 더 부탁드려도 될까요?"

"대표님과 이사님 쪽에서 나온 피드백인가요?"

"네네."

그렇게 하나의 시안을 더 만들어 보낸 뒤 다시 처음으로 되돌아가 팀장, 이사, 대표(역시나 이사님은 자리를 비우셨고 대표님은 밤 12시에 피드백을 주신 모양입니다)를 거쳐 실무자에게 되돌아왔는데 정식 시안은 시작도 못한 채 레퍼런스 보고 콘셉트 결정하는 데만 정확히 8일이 걸렸습니다. 그 후 어찌 되었을까요.

그렇습니다…. 결국 3일 만에 회사 소개서를 만들어야 했고 로고는 만들지 않는 걸로 했습니다.

실무 피해를 최소화하는 컨펌 라인

대부분의 실무자는 권한 없이 중간에서 전달자 역할만 하는 경우가 많습니다. 자신의 의견을 개진할 권리나 결정권이 없어서,

담당자와 연락하는 디자이너 측에서 할 수 있는 건 재촉 내지는 불평불만, '고생하시네요' 등등의 심심한 위로가 전부죠. 심지어 이런 실무자가 두 명 이상이면 커뮤니케이션은 극도로 꼬이기 시작하고 그 결과는 '시간의 낭비'로 이어집니다. 소통에 혼선이 생기고 보고 체계가 복잡해지면 중간에 끼어드는 의견이 엄청나게 많아집니다. 다양한 피드백이 쌓이고 여러 사람의 손을 타고 넘어온 요청은 정체를 알 수 없는 색으로 얼룩진 경우가 많은데, 그나마도 실무자가 정리하거나 쳐낼 수가 없어서 거의 '날것' 그대로 넘어오기도 합니다.

어찌어찌 디자인을 하긴 하지만… 이렇게 정신없는 피드백과 무엇을 지우고 쳐낼지에 대한 결정 권한이 없는 상태에서는 해달라는 대로 모두 다 반영하는 게 오히려 낫습니다. 디자이너 측에서 '이 피드백은 자칫 시안의 가독성을 심하게 떨어뜨릴 수 있는데, 다시 한번 확인해주시겠어요?'라고 의견을 전달한 순간 그에 대한 응답이 오기까지 다시 3일이 걸릴 테니 말이죠. 담당자는 그저 이 정도 말밖에는 할 수 없을 것입니다.

"아… 그럼 알아보고 연락드릴게요."

회사의 생리를 모르지 않기에 이상적인 얘기만 할 수는 없을 것입니다. 둘 중에 하나의 노선을 택했으면 좋겠습니다.

첫째, 디자이너와 미팅을 할 때 대표님도 같이 와서 함께 애기하세요. 대표에게까지 보고가 들어갈 사안이 아니라거나 대표가 부득이 그때 다른 일정이 있다면 모를까, 버젓이 대표 자리에 앉아 있는 상태라면 핑계 없이 미팅실로 달려와야 합니다. 미팅실에 찾아온 디자이너가 갓 대학을 졸업한 주니어든 10년 이상의 시니어급이든 그런 거 신경 쓰지 맙시다. 지금 우리 회사에서 외부로 나가는 얼굴을 만들기 위해 온 사람입니다. 거기에 더해서 회사에 손님이 찾아왔는데 어디 누가 왔는지 갔는지도 모르고 그냥 보내는 건 좀 예의가 아니죠. 물론 예의 따윈 필요 없고 그냥 일만 잘하면 된다는 철학이 있을 수도 있겠습니다. 그렇다면 일의 측면에서 생각해볼게요. 회사의 돈이 나가는 일이고, 실물로 남는 콘텐츠를 만드는 작업입니다. 최종 결정을 본인이 하실 거면 직접 와서 니즈를 전달하는 게 가장 효율적이지 않을까요. 일을 빠르고 퀄리티 높게 진행하고 싶다면 발을 움직이세요.

둘째, 직접 올 생각이 없다면 실무자에게 권한을 넘기세요. 그에게 디자인 프로젝트의 전권을 넘기고, 직접 섭외하고 예산만 올린 후 나머지 작업을 온전히 맡아서 진행하게 하세요. 결과 퀄리티도 본인이 생각하기에 가장 좋다고 생각하는 방향으로 뽑아내라고 하세요. 결재선을 다시 정하고, 결과에 대해서만 사후에 보고하는 식으로 정리해보도록 합시다.

이도 저도 아니고 '도저히 그런 식으론 못하겠다. 나는 미팅에 참여하고 싶지도 않고 반드시 내가 결과물에 대해 피드백을 해야겠다' 싶다면 자리를 늘 지키고 있어서 바로바로 피드백이 가능하게 하든가, 협업 툴 메시지에 바로바로 대답해주든가, 어떤 방식으로든 실시간 소통 채널이 있어야 합니다. 컨펌의 권한이 대표나 결정권자에게 있다고 해도, 피드백과 자료 취합, 정리 정돈, 수정 확인 등의 작은 이슈는 실무자 선에서 처리하여 정리된 결과물만 확인하는 것이 윗선의 일입니다. 세세한 피드백까지 모두 보고를 올리고 알아보고 결재를 맡아야 한다면 실무자뿐 아니라 대표 본인의 일도 엄청나게 늘어나겠죠.

만약 실무자가 못 미덥거나 세세한 것까지도 일일이 내가 신경 써야 하는 타입이라면, 차라리 대표와 디자이너가 직접 소통하는 채널을 열도록 합니다. 대표라는 자리가 바로바로 연락을 주기 힘든 입장이라고 해도, 결재가 오르락내리락하는 3일보다는 빨리 답을 줄 수 있지 않겠습니까. 못 믿겠다면 직접 움직이고 직접 움직이기 싫다면 믿고 맡기시길 바랍니다. 아주 명쾌하죠.

내 말은 그게 아니었는데
: 의견을 빙빙 돌리지 말라

귀를 막고 입 모양만 보고 무슨 단어를 외치는지 짐작해서 다음 사람에게 그 단어를 전달하는 놀이가 있었습니다. 무슨 말인지 못 알아들었어도 일단 순서를 넘겨야 하니 자신이 생각하는 가장 비슷한 단어를 찾아서 전달하곤 합니다. 보는 사람은 엉뚱한 말을 전하는 그들을 보면서 크게 웃을 수 있는 흥미진진한 게임이죠.

전달이 많은 커뮤니케이션이란 그런 놀이와 전혀 다를 바가 없습니다. 서로 무슨 말인지 잘 모르겠지만 그냥 자신이 이해한 대로 전달하면서 누락과 첨가, 왜곡과 변형이 거침없이 벌어지죠. '그분이 감기에 걸렸다'라는 단순한 문장이 열 사람을 거치면 그분은 이미 이 세상 사람이 아니게 됩니다.

사람이 문장을 이해하는 방식은 굉장히 비선형적입니다. 단어와 의미를 연관 짓는 것이 아니라, 상황 자체를 하나의 이미지 또는 감정으로 압축해 이해하는 것이죠. 그래서 화자에게는 단어의 의미가 중요하지만 청자에게는 단어보다는 문장 전체의 느낌이나 전달의 뉘앙스가 더 중요합니다.

전하려는 것보다 많은 맥락이 전해진다

디자이너가 나라 잃은 표정으로 문을 열고 들어오는 순간 대표님은 '아, 뭔가 잘못되었구나'라는 불안감에 휩싸입니다. 갈수록 목소리가 잦아드는 불안한 브리핑과 허둥지둥하는 제스처를 보고 '이 시안은 망했구나'라는 것을 느낍니다. 비언어적 요소가 전달하는 제2의 의미들은 소통에서 내가 의도하지 않은 다른 메시지를 추가적으로 전달하곤 합니다. 때로 그것은 언어를 압도하죠. 디자이너가 아무 말을 하지 않았어도 대표님은 이 시안을 통과시키지 않았을 것입니다.

메일이나 전화, 메신저와 같이 비언어적 요소가 없어 보이는 텍스트에도 실은 미묘한 맥락의 뉘앙스가 존재합니다. '네'는 건방지고 '넹'은 장난스러워 보이니 적당한 '넵'을 써서 대답하는 직장인들의 버릇을 비롯해, '~~' 'ㅎㅎ' 같은 다양한 기호를 붙이냐 안 붙이냐, 어떤 이모티콘을 쓰느냐, '다나까'를 쓰느냐 '요죠'체를 쓰느냐에 따라 상대방의 이해와 해석이 크게 달라집니다. 요즘 우리는 말로 전달하는 소통보다 텍스트 메시지에 훨씬 익숙합니다. 폰포비아(Phone phobia)라는 말이 생길 정도니까요. 당연히 글에서 풍기는 미묘한 뉘앙스에 더 예민해질 수밖에 없습니다. 목소리 톤이나 성량이 들리지 않으니 다양한 기호와 이모티콘을 통해 분위기를 살피는 것이죠.

이 외에도 문장을 해석하는 방식, 중요한 단어를 선정하는 기준, 자신의 관심사, 자주 보이는 단어, 각자의 필터 등을 거치며 내가 전달한 메시지는 더 이상 나눠지지 않을 만큼 인수분해 된 후 다시 나름대로 결합의 과정을 맞이하게 됩니다. 하지만 여러분도 경험해보셨듯 무언가를 분해하고 난 후 다시 조립할 땐 항상 뭔가가 사라지거나 순서를 잊어먹곤 하죠. 그리고 수많은 물음표가 생깁니다. 때론 조립해놨는데 작동이 안 될 수도 있죠. 커뮤니케이션에서도 이러한 경우는 비일비재합니다.

간단한 예를 하나 들어보겠습니다. 디자이너가 다음과 같은 클레임을 보내 왔습니다. 너무 수정이 많단 내용이죠.

"해당 시안의 수정에 앞서 본계약과 관련된 내용을 다시 한 번 확인했으면 합니다. 당초 계약상에는 수정 3회까지 무료 진행으로 되어 있고, 이후엔 유료 수정이 진행된다는 내용으로 협의하였습니다. 현재 수정이 5회가 이루어지고 있고, 그 양이 시안의 30퍼센트를 넘고 있습니다. 혹시 커뮤니케이션상에 누락이 있었던 것인지, 아니면 상호 체크가 안 된 것인지 재차 확인을 해야 할 듯합니다. 해당 사항에 대해서 다시 확인과 조처를 부탁드립니다."

이 메일의 내용을 여러분이 받아서 주 담당자인 김 대리에게 넘깁니다.

"대리님, 디자이너님이 수정에 대해서 다시 한번 확인이 있어야 할 것 같다고 합니다. 수정하는 양이나 횟수가 너무 많다고 커뮤니케이션에 누락이 있었던 것 같다고 하는데, 어떻게 전달할까요?"

김 대리는 의아합니다.

"뭔 소리예요? 난 빠짐없이 디자이너님에게 다 넘겨드렸는데? 누락 같은 거 없었어요. 뭐가 빠졌다는 건데? 자료가 더 필요하단 거예요? 그럼 그쪽에서 먼저 필요한 자료를 리스팅해서 주면 확인해서 정리 후에 보내드리겠다고 정리하고, 커뮤니케이션 누락이 아니라 당초 얘기했던 미팅 내용이 컨펌되는 대로 하나하나 자료를 보내는 중이라고 전달해주세요."

여러분은 그 말을 받아 다시 전달합니다.

"디자이너님, 필요하신 자료 먼저 정리해서 보내주시면 저희가 확인하고 최대한 빨리 드리도록 하겠습니다. 미팅 때 얘기한 내용을 하나하나 결재받으면서 컨펌 중이라서 다소 늦어지게 된 점 죄송합니다. 결정된 사항에 대해서는 순차적으로 자료를 전달해드리겠습니다."

 디자이너는 혼돈에 빠지고 말았습니다. 이 대화는 표면적으로는 여러분이 잘못한 것 같지만 실상은 모두의 잘못입니다. 디자이너는 '2회 수정비 청구합니다!'라는 말을 너무 빙빙 돌려서 했고, 여러분은 맥락을 이해 못하고 띄엄띄엄 단어들만 조합해서 맘대로 전달했고, 김 대리는 그 말을 너무 확대해석 했습니다.

 디자이너: 수정 너무 많아요. 비용 처리해주세요.

 여러분: 수정 자료가 더 필요하다고 합니다.

 김 대리: 자료 다 드렸는데요? 뭐가 더 필요해요?

 이런 식으로 묘하게 전달된 것이죠. 무슨 단어가 빠졌는지 다시 찬찬히 읽어보면서 확인해보세요.

 보통 자신의 생각을 말할 때는 자기가 뭔 말을 하는지 몰라요. 사람은 자신이 굉장히 논리적으로 말하고 있다고 생각하지만 실은 수없이 떠오르는 생각의 일부만을 잡고 계속 연결시킬 뿐입니다. 마치 대강 '코 길고 귀 큰 동물!' 하면 '코끼리'를 떠올리듯 말예요. 아주 일부에 불과한 정보들로 생각을 이어나갑니다. 전체적인 면을 고려하고 내 말을 곱씹는 건 굉장히 피곤하고 어려운 일이거든요. 그래서 두뇌는 경제성을 우선적으로 선택합니다. 이런 혼돈의 생각을 멈추게 해주는 건 누군가가 내 말을 다시 반복해주는 것입니다.

"아, 그럼 제가 수정 횟수와 비용 처리에 대해서 전달해드리면 될까요?"

이런 식으로 말이에요. 토론에는 사회자가 필요하죠. 그리고 사회자의 역할은 패널의 의견을 한 번 정리해서 상대 패널에게 넘기는 역할을 합니다. 요점과 핵심을 정확히 추리고 방향성을 잡습니다. 물론 이렇게 정확하게 요점 정리를 하고 잘 추려낼 수 있다면 다행이겠지만, 그게 어렵다고 판단된다면 받은 메일을 그대로 포워딩하거나 녹음본을 포함하여 전달하도록 합시다.

심플하게, 정확하게, 팩트 중심으로

커뮤니케이션의 생명은 명쾌, 간결, 직관이지만 무엇보다 '전달 횟수'를 줄이는 것이 중요해요. 담당자는 한 명인 것이 제일 좋습니다. 중간에 대표가 끼거나 팀딩자의 부하 직원이 끼는 등 제3자가 등장하면 피곤한 일이 발생할 가능성이 급격하게 높아지죠. 이 때문에 콘택트 포인트를 하나로 모으면서 앞으로는 당신과 나만 대화하는 것이라는 점을 정확하게 잡아놓아야 합니다.

더불어 해당 담당자가 일신상의 이유로 퇴사하고 세계 여행을 가버렸다면 인수인계에 대한 부분을 꼭 확인합시다. 물론 클라이언트 회사의 인사 관련 이슈이니 외부인인 디자이너가 신경 쓸 필요는 없다고 생각할 수 있지만, 이게 또 그렇지만은 않습니다. 지금까지 전임자와 주고받은 메일이나 자료 등을 확인하고 공유하는 게 오히려 디자이너 본인에게 현명한 방법일 수 있죠. 커뮤니케이션의 속성 자체가 쌍방향이다 보니 그쪽에 쌓인 자료와 나에게 쌓인 자료가 서로 상이한 것이 당연합니다. 현재 내 쪽의 상황을 알려줘야 상대방도 그다음 프로세스를 빠르게 잡을 수 있겠죠.

마지막으로 담당자가 한 명이기는 한데 말투가 너무 거슬린다거나 정말 결이 맞지 않아서 곧 멱살을 잡고 대화할 것 같은 예감이 든다면 괜히 가슴앓이하지 말고 콘택트 포인트를 바꾸는 것도 하나의 요령입니다. 그럴 때는 '지금까지 잘해주셨는데… 아쉽게도 어쩌고… 그러지 않으려고 했는데… 괜찮으시다면…' 하는 식으로 주절주절 길게 쓰기보다는 그냥 담담하게 쓰는 편이 훨씬 좋습니다.

"원활한 커뮤니케이션과 빠른 일 진행을 위해 커뮤니케이션 담당자 변경을 요청드립니다."

이 정도의 문장이 나올 정도면 어지간히 서로 답답했을 테니 상대방도 대략 수긍할 수 있는 수준이겠네요. 그동안 고생 많으셨고 어쩌고 그런 얘기는 오히려 괜한 오해나 감정적인 고민을 깊게 만드는 부분이므로, 해석은 각자 알아서 하는 것으로 맡기도록 합시다.

    사실 앞 챕터에서도 말했듯 일의 커뮤니케이션이란 게 멱살을 잡든 주먹다짐을 하든 상관없습니다. 결과물이 아무 문제 없이 착착 만들어지고 서로 마음에 들게 마무리되면 툭툭 털고 "고생하셨네요. 이번에 좀 시끄럽게 일했습니다. 하하하하"라면서 "다음엔 또 무슨 프로젝트 하죠?"라는 식의 대화가 오고 가기 마련입니다. 서로 일을 편하게 잘해보자는 것이지 감정싸움 하자고 소통하는 것은 아니지 않겠습니까. 일은 내가 아니고, 말은 일을 위해 존재합니다. 상대방은 생각보다 내 의사 표현에 크게 당황하지 않습니다. 오히려 말 않고 있다가 나중에 쌓아둔 게 터지면 그게 더 당황스럽죠.

우리 그냥 용건만 말하죠
: 메일과 전화 사용법

디자인 작업을 하다 보면 메일과 전화에 익숙해져야 합니다. 요즘엔 전화를 무서워하시는 분들이 많아서 카톡이나 협업 툴 등을 이용해 메시지로 전달하는 경우가 더 많기도 합니다. 전화란 게 실시간으로 의사 전달이 가능하다는 장점이 있지만 기록으로 남기기가 힘들고, 대부분의 업무가 실시간으로 처리하긴 어렵다는 것을 생각해보면 확실히 메시지가 더 효율적인 방식이긴 한 것 같습니다. 저도 처음엔 전화를 많이 했었는데 요즘엔 아예 협업 툴을 활용하거나 전화를 할 거면 그냥 찾아가는 편을 택합니다.

미팅은 제대로 시간을 내서, 관계자들 다수의 의견을 한꺼번에 들을 수 있는 방법입니다. 현장에서 사안을 결정지을 수 있고 좀 더 디테일한 얘기들과 각종 오해를 풀기 좋죠. 이후에 디테일한 부분들은 메신저나 메일을 이용합니다. 지금부터 말씀드릴 내용들은 우선 전화를 중심으로 하지만 메일에도 똑같이 적용되는 부분입니다.

용건부터 곧바로

사정 얘기부터 늘어놓는 경우가 있습니다.

"아, 저희가 이번에 MDF로 제작하려고 했던 것이 시공업체 쪽에서 조금 이슈가 있다고 하더라고요. 자재 들어오면 일정이 조금 늦어진다고 그쪽에서 차라리 다른 것이 어떻겠냐고 추천해준 것이 있는데 제가 보니까 그것들도 나쁘지 않더라고요…"

이런 식으로 말이죠. 열 마디만 더 하면 눈물 없이 들을 수 없는 가슴 아픈 이야기가 될 것 같습니다. 상대방에게 눈물을 바라는 게 아니라면 간결하게 용건부터 말합시다.

"제작 물품의 소재 변경 건으로 연락드렸습니다."

이렇게 말이죠. 메일이라면 이것이 제목에 쓰여야 합니다. '안녕하세요'와 같은 메일 제목은 좋지 않습니다. 나중에 메일을 다시 검색해야 하거나 메일 히스토리를 차곡차곡 모으는 일을 생각했을 때도 제목은 용건을 포함하는 것이 좋습니다.

하나하나 정확히

"되면 알려주세요"라는 말은 "하던 거 마저 다아아아 하시고, 밥도 드시고, 데이트도 하신 후, 페이스북에 글도 올리시고, 한숨 푹 주무셨다가 꿈결에 불현듯 생각나면 '월요일날 하지 뭐' 하고 미루셔도 돼요"라는 뜻입니다. 그건 상대방을 배려하는 것이 아닙니다. 기획사에서 일할 때 느낀 점이 있습니다. 가장 착한 목소리를 한 분들이 후순위로 밀려난다는 것이죠.

"결재 진행도 해야 하니 해당 견적과 비교 견적 각 1부씩 4시 반까지 부탁드리겠습니다. 가능하신가요?"

이게 깔끔합니다. "부탁드리겠습니다"는 '해야 한다'이고 "가능하신가요?"는 '가능해야 한다'라는 의미인데 저기에서 "아니요, 불가능한데요"라고 할 사람은 몇 없습니다. 분명 바쁘다거나 지금 외부에 있다거나 하는 이런저런 말들이 많겠지만 그쪽만 바쁜 건 아니니까요. 커뮤니케이션은 정확하게 'Yes or No'로 떨어지게 합시다. 아래의 말을 한번 분석해볼게요. 영상 제작 프로젝트를 진행하고 있습니다. 디자이너분과 대표님 미팅을 조율해야 해요.

그럼 4시까지 서류 정리해서 메일로 보내주시고요. 17일 미팅 건은 대표님께 확인해서 추후 알려드리도록 할게요. 맞다, 1차 수정 건은 언제 끝날까요? 위에 보고할 때 수정 일정에 대해 공유해드려야 해서요.

이 말은 크게 세 가지의 정보를 담고 있죠.

- 4시까지 서류 정리해서 달라
- 미팅 건은 대표님께 확인 후 전달해주겠다
- 1차 수정 시기 알려달라

이것입니다. 여러분이 디자이너에게 들어야 할 답변도 세 가지입니다.

- 4시까지 서류 정리해서 달라: 네
- 미팅 건은 대표님께 확인 후 전달해주겠다: 네
- 1차 수정 시기 알려달라: 언제까지 드리겠습니다

이렇게 정확히 내가 물어본 것과 돌아온 답변이 일치하는지 학인 후 전화를 끊도록 합시다. 메일에서도 동일합니다. 줄 글이 아니라 넘버링을 포함한 '한 줄'로 요약되는 항목으로 정리해주고 상대방이 어떤 답변을 해야 하는지 정확하게 알려줍시다. "언제 끝날까요?" "어디서 뵐까요?" "어떤 부분이 바뀌고 있나요?" 등으로 질문이 명확해야 대답도 명확해집니다.

오른쪽으로, 왼쪽으로, 아니 좀 더
: 마이크로 매니징의 폐해

피드백과 매니징은 묘하게 다릅니다. 피드백은 결과물에 대해 돌아오는 '반응과 평가'에 가깝습니다. 기준은 제작물의 목적과 업무의 방향성이 돼야 하죠. 매니징은 과정에 존재하는 훈수 같은 것입니다. 이것을 피드백이라고 얘기해선 안 됩니다. 좋은 매니징은 중간중간에 지원해줄 사항은 없는지 또는 인력이 더 필요한지, 타임라인은 잘 관리되고 있는지를 확인합니다. 나쁜 매니징은 일을 자꾸 멈추게 만들고, 확인을 위한 업무를 만듭니다. 그리고 방향성보다는 작고 디테일한 부분에 관여합니다. 흔히 마이크로 매니징이라고 불리는 현장이죠. 디자이너의 업무에 본인의 취향과 고집을 끼워 넣고 싶은 것입니다. 이는 마치 그 관리자에게 리더십에 대해 이리저리 훈수를 두며 '잠깐 비켜보세요. 내가 직접 미팅하고 올게요'라고 말하는 것과 비슷하죠. 물론 꼭 디자인을 해야만 디자이너에게 조언할 수 있는 것은 아닙니다. 확실히 경험과 인사이트에는 인과관계가 성립하지 않습니다. 그러나 해줘야 할 얘기와 하지 말아야 할 이야기는 분명히 나뉘어 있습니다.

해주어야 할 조언의 조건

브래드 피트 주연의 영화 〈머니볼〉은 오클랜드 애슬레틱스를 메이저리그에서 가장 효율 높은 팀으로 재건한 빌리 빈의 실화를 다룬 영화입니다. 물론 실화임에도 현실 왜곡이 다소 있기는 하지만(영화처럼 오클랜드 팀은 최약체에다 엄청난 위기에 몰린 팀은 아니었습니다) 빌리 빈의 파격적인 선택과 그 효과를 봤을 때는 놀라운 면들이 있죠. 빌리 빈은 야구와는 관계가 먼 듯한 경제학 전공자 피터를 영입해 데이터만을 이용한 인재 영입 전략을 펼칩니다. 지금으로 따지면 천재 퍼포먼스 마케터 겸 데이터분석가를 데려온 느낌이랄까요.

무엇보다 현장감이 중요한 스포츠에서 데이터만을 활용하여 인재를 발굴한다는 개념은 생소할뿐더러 지극히 리스크가 큰 방식입니다. 그러나 10년에 걸쳐 꾸준히 팀을 만들어간 모두의 노력으로 인해 이 위험해 보이는 전략은 결국 저비용 고효율(같은 해 뉴욕 양키스의 30퍼센트 비용으로 최강 라인업을 만들어냈습니다)의 대표 사례로 자리매김하게 됩니다. 빌리 빈과 같이 이론을 활용하여 전략과 작전을 짜고 싶다면 세 가지 조건이 필요합니다.

- 그 이론이 정확한 현실을 반영하고 있어야 하고 신뢰도가 충분해야 한다.
- 지식에 대한 확신과 더불어 지속성은 필수이다.
- 그 전략을 인정하고 도와줄 조력자가 필요하다.

직접 경험해보지 않았어도 충분히 좋은 조언은 가능합니다. 그러나 그 정도 경지에 이르기 위해서는 경험자 이상의 공부와 고찰이 당연히 필요하죠. 또한 실제로 툴을 다루는 입장이 아니기에 포토샵을 만지는 손에 대한 배려를 잊지 말아야 합니다. 문제는 이 세 가지 조건이 모두 엉망진창인 상태에서 자신감만을 장착한 경우입니다.

디자인 이론은 미학과 심리학, 신경학, 사회학 등 굉장히 다양한 학문에서 비롯됩니다. 사람의 생각을 표현하고 그에 대한 반응의 관계를 규명하는 것이니 예외가 수두룩하죠. 또한 사람은 단백질의 노예인 양 뇌세포가 '앉아!'라고 하면 털썩 주저앉는 존재가 아닙니다. 주변 상황과 심리적인 부분 등 수없는 변수의 영향을 받기 때문에 각 이론의 복합적인 이해를 필요로 합니다. 게다가 내가 알고 있는 지식은 언제든 바뀔 수 있습니다.

그것은 진실이 아닌 가십일 수도 있고, 최신의 정보를 상대방이 지니고 있을 수도 있습니다. 티칭과 피드백은 '내가 알고 있는 게 진리이니 이렇게 해!' 또는 '내가 아는 선배님이 그랬어!'라고 떼를 쓰는 게 아닙니다. '내가 알고 있는 정보는 이러한데 당신이 알고 있는 정보는 어떻습니까?'라고 서로가 지닌 패를 꺼내 살펴보는 과정이죠.

이는 선배 디자이너의 조언에도 통용되는 사항입니다. 선배 디자이너는 이론과 더불어 경험까지 탑재했으니 굉장해 보이겠지만 오히려 그 경험이 독이 되는 경우가 종종 있습니다. 경험은 레퍼런스로 쓰여야 하죠. 경험을 정답처럼 인식하는 순간 순도 100퍼센트의 꼰대로 진화할 수 있습니다. 그때의 상황과 지금의 상황은 비슷하더라도 같은 것이 아닙니다. 그리고 '나의 커뮤니케이션'과 '너의 커뮤니케이션'은 다릅니다. 그때 그 담당자가 지금의 담당자도 아닙니다. 차라리 아무것도 가르쳐주지 않는 선배라면 답답해하고 말겠지만, 정답을 강요하는 선배라면 후우…. 생각만으로도 글을 이어나가기 힘드네요. 그렇다면 경험이 아닌 지식은 어떨까요? 오랜 시간 디자인을 했다면 나름대로 공부한 지식들이 많을 겁니다. 하지만 그 지식은 영원불멸한 것일까요? 아래를 살펴보겠습니다.

나의 지식을 최종 업데이트한 게 언제던가

'책을 읽을 때 좌측 상단에서 우측 하단으로 시선이 흘러간다'는 건 익히 알려진 이론이지만 이것이 스크린과 웹사이트, 모바일 등등 눈으로 보는 모든 경우에 적용되는 것일까요? 전혀 아닙니다. 실제로 사람들의 시선은 꽤나 산만하게 움직이며 우측 하단으로 내려가는 경우보다는 중간 지점에서 흐지부지 흩어지는 경우가 대다수입니다. 오래 본다고 해서 꼭 집중을 하고 있다는 얘기도 아니며, 오히려 우리가 먼저 볼 곳을 정하고 그다음 시선을 움직인다는 점을 생각해보면 관심과 호기심이 우선이고 시선의 이동은 후속 동작에 해당하죠. 보이는 대로 다 보는 것은 아니라는 얘기입니다. 여러분이 알고 있던 지식들, 어느 책에서 봤던 모든 것은 경우와 상황에 따라 달라질 수 있습니다. 디자인 이론은 절대지식이 아닙니다. 항상 케이스 바이 케이스죠. 생각해봅시다.

- 자간과 행간은 가독성에 어떤 영향을 미칠까?
- 타이포그래피의 베이스 라인은 눈의 피로도와 어떤 관계가 있을까?
- 연령대에 따른 컬러의 인식 차이는 어떻게 달라질까?
- 트렌드에 따른 구매 효과는 정말 입증된 것일까?

이 단순한 질문들에 명쾌하게 대답할 수 있나요? 일반적으로 알려진 '이미지에 먼저 시선이 간다'는 이론도 경우에 따라 어긋납니다. 사람은 보고 싶은 걸 먼저 봅니다. 가격이 궁금하면 수십 개의 이미지가 있어도 가격을 먼저 찾아보는 게 사람이죠.

붉은색은 흔히 강조의 색으로 알려져 있지만 보색을 함께 쓸 경우에는 오히려 두 색이 같은 힘을 지니게 되어 더 산만해집니다. 브랜드 디자인이라고 꼭 브랜드의 모든 색을 사용해야 하는 것도 아니죠. 무엇보다 디자인에 맞다 그르다를 논할 수 있는 사람이 과연 존재할까요? 연차가 '옳은 디자인'의 근거가 되어줄까요?

결국 디자인은 결과물로 인해 행동을 하는 최종 접점, 즉 소비자든 투자자든 그 관찰자가 중요한 법이 아니겠습니까. 윗사람들이 좋다고 박수를 쳐도 소비자들이 외면하는 디자인이라면 의미가 있을까 자문해봅시다.

경험도 지식도 이렇게 불완전한데 하물며 감과 취향으로 이래라 저래라 훈수질을 하는 건 정말 부끄러운 일입니다. 디자이너의 디자인이 정말 맘에 들지 않아도 왜 맘에 들지 않는지 여러분 본인은 설명할 수 있어야 합니다. 그냥 '이건 좀 아닌 것 같다'는 식이라면 결과적으로 여러분의 리더십에도 좋지 않은 영향을 끼칠 것입니다.

실제로 아직도 많은 디자인이 실제로 디자인에 영향을 받는 사람들보다는 결재 서류에 도장 찍는 사람을 만족시키는 용도로 쓰이고 있습니다. 종종 도무지 이해할 수 없는 수상 경력 텍스트로 떡칠한 포스터, 한눈에 봐도 디자이너의 한이 서려 있는 웹페이지, 급하게 수정한 흔적이 역력한 브로슈어, 원래는 그게 아니었을 듯한 로고를 목격할 때가 있습니다. 시안을 손으로 만지면 그 시안에 얽힌 사연이 머릿속에 그려지는 듯합니다.

피드백의 목적은 지식 배틀이나 자기 자랑이 아니라 '결과물을 더 잘 만들기 위함'입니다. PPT를 만드는 직원 뒤에서 근거도 없는 훈수를 툭 던지며 '나도 한마디 했다!'라는 마음으로 뿌듯해하는 사람들이 줄어들었으면 하는 바람입니다.

그래서 얼마면 될까요?
: 디자인 비용을 산정해보자

견적 정하기. 눈치싸움이 많이 벌어지는 부분입니다. 먼저 말하면 지는 느낌도 들고 말이죠. 디자이너는 특히나 자신의 견적을 정해서 말하기 힘들어하는 경향도 있습니다. 클라이언트 중에서 이런 얘기를 하시는 분이 굉장히 많았습니다.

"제가 처음 의뢰해보는 거라 보통 금액을 잘 몰라서요."

사실 처음 의뢰하지 않아도 금액대를 파악하긴 어렵습니다. 디자인은 은근히 부르는 게 값입니다. 노동의 양에 비례하지 않기 때문에 기획과 크리에이티브, 작업량에 따른 추가 비용 등 옵션이 많은 편이죠.

저를 예로 들어보겠습니다. 저는 보통 회사 소개서 20페이지를 기준으로 350만 원 정도를 받고 있습니다. 물론 큰 기업이나 투자 제안서 등 중요한 자료일수록 추가 비용을 제안합니다만 기준 단가를 저렇게 정해놓았죠. 350만 원 안에는 미팅을 통한 방향성 설정과 플로우 기획, 원본 제공이 포함되어 있습니다. 텍스트 제작이나 심도 있는 기획이 들어갈 때는 100만 원의 추가 비용을 더 받습니다.

다른 제안서 제작 회사 중에는 500만~600만 원을 부르는 곳도 있고 심지어 2000만 원이 넘는 경우도 있었습니다. 제가 제작 비용을 350만 원으로 책정한 것은 제가 원하는 클라이언트들이 지불할 수 있는 노멀한 수준의 금액이기 때문입니다. 다양하고 많은 중소기업, 스타트업의 성장을 만드는 것이 전 더 재미있어요. 물론 대기업이나 공공기관 레퍼런스도 중요할 수 있지만 저에겐 큰 의미가 없었거든요.

금액은 디자이너의 실력이나 연차, 포트폴리오보다는 개인의 가치관이나 사업 방향성 등에 의해 결정되어야 합니다. 흔히 연차별로 금액이 점점 올라가는 경우가 있는데 그건 좀 이상한 일입니다. 호봉제도 아니고 말이죠. 디자이너가 연차가 쌓인다고 더 잘하는 건 아니거든요. 소비자와 클라이언트의 언어를 읽어내고, 이 욕망들을 적절히 구현해줄 시안을 만들고, 커뮤니케이션을 수행하는 건 연차 덕이 아닙니다. 디자이너 본인의 성향과 능력이죠.

그러니 여러분도 괜히 높은 금액 부르는 디자이너가 더 잘하지 않을까 하는 고가의 함정에 빠지지 마시길 바랍니다. 저렴한 가격이라고 해서 퀄리티도 낮으라는 법은 없습니다. 이 점을 유념해주시고 디자인 비용을 산정하는 방법을 알아보도록 합시다.

실무자가 신경 써야 할 두 가지

금액을 결정하는 문제는 사실 아주 단순합니다. 회사에서는 보통 얼마 정도 쓸지 이미 책정이 되어 있는 경우가 많습니다. 본인이 기획안을 직접 짰거나 그와 연관되어 있는 경우엔 더욱 쉽겠죠. 그게 아니라면 대표님이 보통 얼마 정도까지 하자고 얘기를 직접 하거나, '일단 가져와봐'라고 말한 경우가 많을 겁니다. 이 경우에도 물론 결정권자 머릿속엔 이미 마지노선이 잡혀 있죠. 실무자 입장에선 우리가 얼마를 쓸 수 있는지 먼저 걱정하지 않아도 됩니다. 일단 견적을 받고 보고한 후 비싸다 그러면 깎아보고, 적정하다 그러면 오케이 하는 것이죠. 얼마에 계약을 할지는 내 권한이 아닌 경우가 많으니 크게 신경 쓰지 않아도 됩니다. 실무자가 진짜 신경 써야 하는 것은….

'예산 변동'과 '예산과 퀄리티.'

바로 이 부분입니다. 보통 디자이너는 실무자가 서칭해서 보고하는데 '괜찮은 사람으로 해봐'라는 오더를 받을 때도 있고 가격 보고 결정하는 경우도 있을 겁니다. 돈 많이 쓰고 좋은 퀄리티가 나오면 상관없습니다만 어느 누구도 싸고 낮은 퀄리티의 디자인을 원하진 않죠. 보통 그것은 어쩔 수 없이 발생한 일종의 사고와도 같습니다. 일이 급하게 돌아가는 통에 아무나 찾아 제일 저렴하게 맡겼는데 디자인 퀄리티가 아주 형편없는 겁니다. 하지만 내일모레 바로 써야 하는 인쇄물인지라 어쩔 수 없이 수정도 못하고 바로 진행해야 하거나 또는 원래 예산이 적었기 때문에 수긍할 수밖에 없는 것이죠.

그런데 이런 식으로 결과물이 안 좋으면 결국 실무자가 덤터기를 쓰는 경우가 있습니다. '제대로 좀 찾아보지 그랬어!' '앞으로 디자이너 서칭은 딴 사람에게 맡겨!' '아니, 커뮤니케이션을 어떻게 했길래 이렇게 나온 거야?'와 같은 소리를 듣기도 하죠. 억울해서 살겠습니까?

반면에 예산이 변동돼서 금액을 하향조정해야 하거나 추가 비용 없이 추가 업무를 요청해야 할 경우도 생길 수 있습니다. 디자이너 입장에선 매우 분통 터질 수 있고 거부할 수도 있습니다. 윗사람은 왜 그거 하나 설득 못하냐고 뭐라 하고, 디자이너는 말도 안 된다며 받아들일 수 없다고 뭐라 합니다. 어찌 되었든 실무자에겐 이런 얘길 한다는 것 자체가 스트레스죠. 이제 이런 난감한 일을 좀 최소화해봅시다.

무엇을 줄일 수 있을까

예산이 바뀌는 이유는 크게 세 가지입니다. 여러분의 회사 내부 사정으로 예산이 삭감되는 경우(보통 증액은 이슈가 되지 않죠), 작업을 하다 보니 당초 계약 내용에 포함되지 않은 추가 업무가 발생하는 경우(사진 촬영, 추가 기획, 추가 수정 등), 실비가 발생하는 경우(디자인 소스 구입, 폰트 구입, 출장비, 감리비 등)가 있습니다.

어떤 경우든 상관없이 우선 여러분은 디자이너에게 견적을 받았을 것입니다. 디자인 견적의 항목을 자세히 살펴보세요. 혹시 '디자인 제작비용'으로 한 가지 항목만 적혀 있나요? 이런 경우엔 기획 비용이 얼마이고 디자인 작업비, 수정 비용 등은 얼마인지 구체적으로 알 수 없어서 추후 조율이 어려워집니다. 말이 바뀔 수도 있고요. 기본적으로 디자인 비용은 다섯 가지 정도로 쪼개집니다. 기획 비용, 디자인 비용, 수정 비용, 원본 제공 비용, 실비. 더 세분화하는 곳도 있지만 보통은 이 정도 수준에서 견적 내용이 나뉩니다.

만약 부득이 예산이 삭감되는 경우라면 이 다섯 가지 영역에서 무엇을 줄일 수 있을지 디자이너와 얘기해봐야 합니다. 무슨 경우든 마음 상하는 것이야 어쩔 수 없겠지만 일은 계속되어야 하니까요. 원본 제공을 빼고 이미지만 필요한 경우가 있을 수도 있고, 실비는 우리가 다른 예산으로 구매해서 전달하는 방법이 있을 수도 있습니다. 공공기관과는 다르게 일반 기업에선 예산의 항목을 그리 엄격하게 나누는 편은 아니니 비교적 유연하게 움직일 수 있죠. 또는 기획을 우리 쪽에서 해주는 방법도 있습니다. 노동을 조금 더 분담하고 금액을 낮추는 방법입니다. 하지만 중간에 이렇게 예산이 변동된다면 일단 실무자가 무슨 대처를 하든 힘들다는 사실은 변하지 않을 거예요.

  추가 금액이 발생하는 경우는 어느 정도 사전에 대비가 가능합니다. 예산이 확정되고 나면 사실상 추가 증액은 어렵습니다. 디자이너 입장에서야 당연히 일을 더 하면 더 줘야 하는 것 아니냐는 생각이 들겠지만 사내 시스템이란 게 그리 단순하지가 않죠. 이 부분은 당초 기획 단계에서 좀 더 면밀하게 물어보고 예비비를 만들어놔야 합니다. 증액은 위에서 말한 것처럼 수정 비용, 실비, 과업 변동 및 추가 등에 의해 발생하는데 실비에 대한 부분은 이미 계약서에 어느 정도 명시되어 있습니다. 실비 청구는 매월 또는 주 단위로 움직입니다. 대부분은 일괄 청구하지만요. 이러한 실비나 추가 수정 비용이 발생할 것을 감안해서 전체 디자인 비용의 10퍼센트 정도는 항상 예비비로 책정해놓는 것이 좋습니다. 예를 들어 클라이언트 입장에선 500만 원짜리 프로젝트라고 해도 일단 디자인 비용은 450만 원 정도로 잡아놓는 것이 안전하죠.

최소한의 퀄리티를 위해

예산과 퀄리티 부분은 실무자의 안목과 더불어 많은 사람의 검증이 필요합니다. 실무자가 혼자 덤터기 쓰지 않으려면 많은 분들에게 책임을 분산해놔야 하니까요. 디자이너 포트폴리오를 3~4개 정도 확보했다면 각 디자이너의 특성과 성향, 주요 포트폴리오 등을 파악해서 논의를 해야 하고, 정말 급한 일정에 적은 예산으로 대략 그럴싸한 디자인을 뽑아야 하는 상황이라면 이러한 상황에 대해 결정권자에게 끊임없이 인지를 시켜드려야 합니다.

"이번 디자인은 진짜 이번 행사만을 위해서 쓰는 거고 급하게 진행하는 건이라 저비용으로 일단 퀄리티보다 속도를 우선으로 했습니다."

이렇게 말이라도 한마디 더 얹는 것이죠. 그리고 보통 이럴 때는 과도하게 색다른 디자인을 진행하는 게 아니에요. 기존에 컨펌되었던 레퍼런스를 디자이너에게 전달하고, 우리 회사가 컨펌하는 평균 수준의 디자인 퀄리티와 각 특색을 설명해주셔야 해요. 폰트가 엄청 큰 걸 좋아한다거나 밑줄을 좋아한다거나 흑백을 좋아한다는 등 일단 지금 빠르게 작업을 진행하기 위해 필요한 단서들을 최대한 전달하는 것이 중요합니다. 이런 건 참조 걸지 말고 개인적으로 미팅할 때나 유선상으로 전달해주세요.

 만약 생각보다 금액이 지나치게 높다면 왜 높은지 디자이너에게 상세하게 물어보세요. 예를 들어 제가 비싼 이유는 분명합니다. 일단 퀄리티가 높고(자랑1), 클라이언트가 골치 아파하는 기획과 텍스트 부분을 함께 처리해주거나 적어도 기준을 잡아주는 세션이 선행되기 때문이에요(자랑2). 그리고 원하는 시간 안에 정확히 전달해준다는 신뢰(자랑3)에서 오는 클라이언트의 편의와 안도감을 비용으로 환산하는 것이거든요. 자랑 같지만 금액에 대한 근거는 분명해야 하니까요. 그러니 왜 비쌀까 혼자 고민하지 말고 직접 묻고 답변을 들어보시길 권해드립니다.

월급이 3일 늦어도 괜찮아요?
: 비용 정산의 매너

이어서 돈에 대한 커뮤니케이션을 더 다뤄봅시다. 당연히 일을 했으면 돈을 받아야 합니다. 여러분은 돈을 주는 입장이니 더욱 신경이 쓰이겠죠. 이상하게 일을 의뢰할 땐 부탁드린다 감사하다 해놓고 돈 줄 때 되면 돌변해서 잠시 기다리라는 말만 되풀이하며 당연히 줘야 할 돈을 은혜 내리듯 하사하는 경우가 있었습니다. 비용은 권력이 아닙니다. 의무죠. 비용 처리 시의 커뮤니케이션은 그래서 더욱 민감합니다. 서로의 책무를 다하는 순간이기 때문입니다 일의 마무리이자 또 다른 일을 함께할 수 있을지 판단할 수 있는 순간입니다. 디자인 비용에 대한 다섯 가지 중요한 사실을 알려드리겠습니다.

금액은 나중에 알려드리겠다?

내부적으로 비용 책정이 되지 않았으면 일을 시작해선 안 됩니다. 식당에서 음식을 시켰는데 만들어지는 도중 금액이 바뀌는 경우가 있던가요. 나중에 알려드리는 건 없습니다. 디자이너도 빨리 자신이 원하는 금액을 공개해야 하고, 클라이언트도 책정 예산을 공개해야 합니다. 그리고 빨리 조율을 해야지 지금 상대방 예산 보고 높게 부를지 적게 부를지 기 싸움하고 있을 때가 아닙니다. 정확한 커뮤니케이션을 위해선 견적을 먼저 달라고 해야 합니다. 이것은 정당한 요구입니다. 디자이너는 서비스를 제공하는 사람이고 이 서비스의 금액을 궁금해하는 것은 너무도 당연하죠. 그리고 제공자는 이를 명쾌하게 알려줄 필요가 있습니다. 그 전에 여러분은 무엇을 원하는지, 원하는 품목을 정확히 알려주셔야 합니다. 우리는 백화점에서 물건을 살 때 무얼 살지 고르지도 않고 '대충 가격은 얼마 정도 해요?'라고 물어보지 않습니다. 어떤 상품을 딱 들고 이게 얼마냐고 묻죠. 그러니 여러분도 정확히 만들고 싶은 제작물의 스펙과 상세한 기획안을 공유해주고 '이게 얼마예요?'라고 당당히 물어보세요. 그런 기획안을 보고도 얼버무린다면 그 디자이너와는 일을 진행하지 않는 게 좋습니다.

중간에 엎어지면 아예 없던 것이다?

여러분이 2주 내내 기획한 행사가 부득이한 사정에 의해 전면

취소되었습니다. 행사는 엎어졌고 기획안도 물거품이 되었죠. 물론 언젠가 다시 쓸 수도 있겠지만 허무한 것은 어쩔 수 없을 겁니다. 그런데 이때 '이제 결과물을 낼 수 없게 되었으니 당신은 월급을 받지 못합니다. 기획은 일이 아니니 당신에게 줄 돈은 없습니다. 다음 달을 기약하세요'라고 말한다면 기분이 어떨까요? 기획은 비용이 아닌가요? 디자인 프로젝트를 한다는 건 디자이너의 왼손 오른손만 구매하는 것이 아닙니다. 포토샵 하는 사람을 구하는 게 아니라 그의 경험과 지식, 안목과 시간, 생각을 사는 것이죠. 그것들이 구체화된 것이 디자인 기획안입니다. 기획안에 따라 시각화해놓은 것이 디자인 산출물이죠. 여러분은 디자이너의 기획력과 디자인 능력에 비용을 지불한 것입니다. 만약 그게 아니라면 여러분이 모든 시안을 손으로 그린 후 '이걸 그대로 포토샵으로 만들어주세요'라고 제작만 의뢰했어야죠. 중간에 디자인 프로젝트가 드롭될 수 있습니다. 사정이야 여러 가지가 있죠. 허지민 이떤 사징을 막론하고 일한 만큼의 비용은 제공하는 것입니다. 가끔 대행사에서 그런 법은 없다고, 원래 그렇게 하지 않았다고 우기는 분들이 있던데 '원래 그랬다'라는 말은 보통 악당들이 뭔가를 합리화할 때 쓰는 말입니다. 부당한 것에 원래란 없습니다. 당연한 것을 더 우선시하세요.

원본 제공은 원래 해주는 것이다?

원본 제공은 수정 권한을 넘기는 것입니다. 구글 독스도 공유할 때 상대방이 볼 수만 있게 하는 것이 디폴트 값입니다. 수정 권한을 주려면 만든 사람이 직접 설정을 바꿔서 공유해줘야 하죠. 이게 무슨 말일까요. 제작자가 콘텐츠를 공유할 땐 '보라는' 것이지 '고치라는' 것이 아니란 얘깁니다. 디자인도 마찬가지입니다. 디자이너가 원본을 줘야 할 의무는 어디에도 없습니다. 원본 제공에 비용을 받느냐 안 받느냐는 디자이너의 재량입니다. 이것을 '지금까지 그랬으니' 당신도 그냥 제공하라고 하는 건 강도죠. 무언가 자산을 달라고 할 때는 정중하게 말합니다. 디자이너도 종종 원본 제공에 관련한 비용 계약을 잊어버리곤 합니다. 클라이언트도 이를 깜박했을 수 있죠. 그런데 결과물을 받고 보니 우리가 손대야 할 부분이 있던 것입니다. 이럴 땐 이렇게 말합시다.

"최초 계약 시에 원본 제공에 대한 내용을 언급하지 않아, 이를 어떻게 해야 할지 상의드리고 싶습니다. 디자이너님이 만드신 시안을 내부적으로 수정해야 할 일이 생겼습니다. 내부에 들어가는 텍스트와 사람들의 사진 등 몇 가지 부분입니다. 직접 부탁드리는 것이 제일 좋겠으나, 죄송스럽게도 사안이 시급하고 추가 비용을 따로 책정해놓지 않아 제대로 의뢰를 드리기 힘든 상황입니다. 원래대로라면 당연히 비용 청구가 들어가야 하는 부분임을 인지하고 있습니다. 하지만 혹시 가능하시다면, 이번 건에 한해서만 잠시 수정 권한을 넘겨주실 수 있을까요? 보내주신 원본 파일은 행사 이후 당연히 삭제할 것이며 추후 다른 형태로의 소스 활용이나 변환은 없을 것입니다. 너른 양해 부탁드립니다."

이 멘트를 기본으로 해서 눈물 이모티콘을 넣거나 다른 멘트를 덧붙이거나 조금 변형해서 사용하시길 추천합니다. 이 멘트는 아주 딱딱하게 할 얘기만 한 것이라 조금 더 부드럽게 만들어서 커뮤니케이션에 활용해보세요.

세금계산서 날짜 조정은 당연한 것이다?

부가세 등 세금 정산 기간 때문에 내년 1월로 끊어달라거나 7월로 날짜 바꿔서 끊어달라고 하는 경우가 있습니다. 세금 내는 사람이라면 알겠지만 막상 세금을 낼 때가 되면 그 몇십만 원 내눈에 세율 구간이 달라질 수도 있거든요. 물론 요청할 수 있습니다. 하지만 여러분도 생각해보셔야 하는 건 내가 세금을 덜 내면 저 사람은 더 낼 수도 있단 사실이에요. 맡겨놓은 것처럼 '해주십쇼'라고 말하기 전에 한 번쯤 물어보기라도 합시다. '혹시 이 날짜로 발행해주시는 거 괜찮을까요?'라고 말이죠. 사소한 것이지만 배려가 돋보입니다.

계약금 없이 시작하는 건 당연한 것이다?

계약금에 대한 이슈는 사전에 협의합니다. 저 같은 경우는 350만 원 이상부터 100만 원의 계약금을 걸고, 1000만 원 이상의 경우는 비율로 분할 정산하고 있습니다. 물론 비용 정산에 대해선 클라이언트 측에도 나름의 규정이 있으니 3대 7로 할지 4대 6으로 할지 등은 계약할 때 조율할 수 있죠. 적은 금액의 경우는 보통 작업이 끝난 후 일괄 정산 하는 경우가 많지만 그렇다고 해서 이게 '당연한 것'은 아닙니다. 디자인 작업 시 패키지나 인쇄, 감리, 제작물, 인건비 등 프로젝트에 따라 초기비용이 들어가는 경우도 있습니다. 계약금은 '착수금'의 개념도 있고 이 프로젝트에 대한 신의를 증명하는 '보증금'의 역할도 있습니다. 꼭 지불해야 하는 것은 아니지만 꼭 지불하지 않아도 되는 것도 아니란 사실을 염두에 둡시다.

화내자니 치사하고 참자니 화나
: 미묘하게 불쾌한 상황들

이번엔 이런 걸 굳이 말해야 하나 싶을 정도로 미세한 것들을 얘기해보려고 합니다. 페이퍼 컷(paper cut)을 아시나요? A4용지 같은 종이에 사악 베이는 경우를 말하죠. 사실 깊지도 않고 그리 큰 상처도 아닙니다만 굉장히 신경 쓰이고 아립니다. 우린 이걸 아프다고 하지 않고 시리다, 아리다 등으로 표현하죠. 찌르는 듯한 통증을 의미합니다. 평소엔 잊고 살기 쉬운데 종종 예상치 못한 순간에 고통을 줍니다. 미세한 커뮤니케이션 문제들은 마음에 이런 페이퍼 컷을 만들죠. 사실 그 순간에는 얘기를 못 합니다. 뭐가 잘못된 것인지, 상대방이 나에게 어떤 의도를 가지고 말하는 건지 직관적으로 파악하기가 어렵기 때문이죠. 하지만 시간이 지날수록 화가 나고 점점 기분이 나빠집니다. 나중엔 그때 왜 이 말을 못했을까 내 자신이 원망스럽기도 하죠. 다양한 피드백이 오가는 디자인 프로젝트에선 이런 페이퍼 컷을 피할 수 없습니다. 서로 비즈니스 매너를 지키는 상태로 웃으며 싫은 소리를 주고받아야 하니까요. 말 속에 뼈가 담겨 있기도 하죠. 오해가 발생할 수도 있고요. 다음 예를 살펴보겠습니다.

멋쩍고 미안해서 한 말이지만
"이거 건물만 하나 얼른 만들어주시면 돼요."

"언제까지 수정해드려야 해요?"

"지금 급하게 필요한 거라서… 한 시간 내로 될까요?"

아이소메트릭 디자인 중이었습니다. 기존에 만들어놓은 빌딩과 좀 다른 형태의 빌딩 이미지가 필요하다고 추가 제작 요청이 들어왔는데 말미를 한 시간 주셨네요. 말은 단어와 뉘앙스로 이루어집니다. 커뮤니케이션은 이 둘의 조합에서 호불호가 갈리기 마련인데 이 대화를 자세히 뜯어보면 이러합니다.

이거 = 그래 이거

건물만 = 단지 그것만

하나 = 두 개가 될 가능성도 있다

얼른 = 쉬운 거 아니냐

만들어주시면 = 한 시간 내로

돼요 = 줘라

물론 클라이언트 입장에서는 다른 의미였습니다. 아래와 같은 뜻이었죠.

이거 = 저기…

건물만 = 다른 것은 안 시킬 테니

하나 = 딱 하나만

얼른 = 얼른 끝나…겠죠?

만들어주시면 = 부탁드려요

돼요 = 죄송

뭐 이런 미안함과 멋쩍음을 담은 문장이었던 것입니다. 사실 우리는 무언가 어려운 것을 부탁한다 싶을 때는 느낌이 가벼운 단어와 부담이 덜한 표현을 쓰려고 합니다. 그러니 사실 한 시간 내로 하기엔 무리한 부탁이라는 것을 당사자도 알고 있었을 것입니다. 무리하게 부탁하는 경우라면 다음과 같은 말은 삼가도록 합시다.

- 어려운 일은 아니에요.
- 그냥 간단하게 할 수 있는 일이에요.
- 몇 개만 바꾸면 돼요.
- 가벼운/마이너한 수정 사항이에요.

수정 사항이 쉬운 일인지 어려운 일인지는 작업하는 사람이 판단할 문제입니다. 우리가 먼저 '판단'을 내려서 오더를 하면 상대방 입장에선 묘한 오해를 할 수 있답니다. 수정 사항이 있는데 그게 미안하고 부담된다면 그저 다음과 같이 부탁하는 게 제일 좋습니다.

　"디자이너님, 수정 사항이 추가로 생겼습니다. 힘겹게 해주셨는데 부담을 안겨드리는 것 같아 걱정입니다. 괜찮으시다면, 보내드린 레퍼런스와 비슷한 빌딩 하나를 더 추가했으면 합니다. 진행 가능 여부와 가능하다면 언제까지 제작할 수 있을지 알고 싶습니다."

순간적으로 당한 공격엔 침묵으로

회사에 찾아온 디자이너가 미팅실에 앉더니 대표님 있는 자리에서 이런 말을 꺼냅니다.

　"아, 찾아오기 진짜 힘드네요. 건물 지하에 있을 줄은 몰랐어요, 하하하. 간판 같은 거라도 있을 줄 알았는데."

　하하하는 무슨. 여러분은 이런 말을 들으면 어떻게 하실 건가요? 이건 정색해야 할 말인가요? 사람에 따라 판단하기 어려운 문장일 수도 있습니다. 그냥 오기 힘들었다고 생색을 내는 건지, 아니면 뭐 지금 사무실 작다고 '돌려 까는' 건지… 정확한 의중을 파악하기 어렵죠. 하나만 기억하세요. 커뮤니케이션에서 중요한 건 청자입니다. 화자의 의중이 어떻든 그건 중요하지 않습니다. 들은 여러분이 순간 뜨끔하고 상처받은 느낌이 든다면 그건 분명한 문제가 있는 발언입니다. 그리고 이런 발언을 딱 듣고 나서 여러분의 반응은 두 가지입니다. 이 어색함과 불편한 느낌을 무마하기 위해서 자조적인 웃음으로 넘기거나, 아니면 표정을 숨기지 못하겠죠. 가급적 표정을 숨기지 않으시길 바랍니다. 이게 그냥 웃고 넘어가면 나중에 말하고 싶어도 뭔가 좀스러워 보여서 꺼낼 수가 없습니다. 일단 성향을 알 수 없는 미팅에선 적당한 침묵과 알 듯 말 듯한 미소만 유지하는 것을 기본값으로 합시다.

사적인 대화는 괜찮을까

담당자와 일을 하다 보면 여러 가지 이야기를 톡이나 메일로 주고받게 됩니다. 메일에선 많은 분들이 참조에 걸려 있기 때문에 공식적인 얘기밖에 할 수 없지만 담당자와 직접 커뮤니케이션을 하다 보면 이런저런 이모티콘과 안부 인사들로 약간의 인간적인 커넥션이 생기기 마련입니다. 물론 여러분의 성향이 '일로 만나긴 했지만 그래도 사람 사는 게 또 즐거운 얘기도 하고 친근하게 지내면 좋지 않나!'라는 쪽이라면 이런 사적인 대화들은 큰 문제가 되지 않습니다. 하지만 나는 그런 대화를 원치 않는데 자꾸 상대방이 내 프로필 사진 가지고 '프사가 바뀌셨네요…' '어디 다녀오셨나 봐요…' 등등 시답잖은 소리를 한다면 두 가지 방법이 있습니다. 커뮤니케이션 채널을 100퍼센트 메일이나 협업 툴로 전환하는 방법과, 내가 말하고 싶은 부분에는 대꾸하고 아닌 부분엔 그냥 대답을 안 하는 방법입니다. 프사 바뀌었다는 말에 대답 안 했다고 해서 업무에 문제가 생기는 것은 아니니까요. '네' 뒤에는 마침표를 꼭 찍어주시고 이모티콘은 사용하지 마세요. 가장 확실한 건 콘택트 포인트를 바꾸는 것이겠지만 현실적으로 쉽지는 않으니까요. 마침표로 방어하도록 합시다.

어제는 오타가 없었는데
: 디자인 최종 점검 사항

어느 해 여름이었습니다. 대기업의 사내 행사가 있었죠. 총 1200명 정도가 1박 2일 합숙 교육을 함께 진행하는 대형 콘퍼런스였습니다. 기업의 회장님도 오시는 자리라 기획사인 우리나 클라이언트나 긴장감이 가득했습니다. 당연히 행사장에 부착·설치되는 디자인 제작물도 많았습니다. 설치 장소가 다양하다 보니 크기도 다양했죠. 인쇄 시안을 다 넘기고 행사 전일 배너 및 부착물의 설치 작업을 마무리하던 중이었습니다. 식당 쪽은 기둥이 다양했는데 가로 폭이 조금씩 달랐습니다. 당연히 배너의 가로 폭도 기둥마다 조금씩 다르게 제작했습니다. 두 번 세 번 확인했으니 절대 틀리지 않을 거라고 생각했습니다. 하지만 그때.

"이거 사이즈 다른데요?"

배너를 설치하던 실장님이 말씀하셨습니다. 소름. 내일 오전에 사람들이 몰려올 텐데? 지금 오후 8시인데? 여긴 서울도 아닌데? 사이즈가 다르다고…? 이 상황은 지옥입니다. 가로 폭 80센티미터짜리가 5개고 60센티미터가 4개였는데, 순서가 바뀌었나 봐요. 60센티미터가 5개 왔고, 80센티미터 하나가 모자랐습니다. 아니 뭐가 어디서 잘못된 거지….

제안서와 견적서, 제작물 리스트와 시안을 동시에 펼쳐놓고 비교를 했습니다. 식은땀이 트랙패드에 스며들었습니다. 소름! 이건 소름이라고! 오, 맙소사…. 견적서와 제안서에 적힌 수량이 다릅니다. 아마 틀린 수량을 보고 제작물 리스트를 만든 것 같습니다. 아침 드라마에서 대기업 회장님이 뒷목 잡고 쓰러지던 그 기분을 생생하게 느낄 수 있었습니다. 그 뒷일은 굳이 묘사하지 않아도 충분히 상상할 수 있겠죠. 무려 그 새벽에 배너를 다시 제작해 왔고, 행사는 아무 일도 없었다는 듯이 시작되었지만 왠지 내 영혼에서는 바스락 소리가 나는 듯했습니다.

잊지 말고 마지막까지 체크하자
디자인을 하는 과정은 물론 몸과 머리가 아프고, 시간과 노력이 많이 들어갑니다. 우리는 이 네 가지 요소를 합쳐서 '고생한다'고 합니다. 그렇습니다. 디자인은 시간이 많이 필요하고 섬세한 '노가다'가 많습니다. 그러니 고생스럽고 힘든 시간을 보낸 그 과정에 대해 우쭈쭈 인정을 받고 싶겠죠. 하지만 대부분의 디자인이란 것은 프로토타이핑을 제외하면 현장에 직접 보이는 경우가 많습니다. 수많은 밤샘과 고민, 고생해서 만든 시안의 가치를 물거품으로 돌려버리는 것은 아쉽게도 크리에이티브함이나 섬세한 그리드 같은 것이 아닙니다. 현장에서 보니, 다음과 같은 것들이더군요.

오타
계속, 애정어린, 고객, 없습니다…

띄어쓰기 오류
수많은고객들이, 더많은…

맞춤법 틀림
됬다, 오랫만에, 함으로서…

정렬 안 맞음
살짝 삐져나옴. 행간 틀어짐.

시안이 최종 버전이 아님

주로 파일명에 자꾸 'final(1)' 'final(2)' '최종' '최종진짜' 이렇게 붙이다 보니 앞 버전 시안을 넘기는 실수가 종종 있습니다.

사이즈 실수

단위를 잘못 보낸 경우가 많습니다. 픽셀을 밀리미터로, 밀리미터를 픽셀로 등등.

재단선, 작업선, 제본 여백 구분 실수

상하좌우 5밀리미터 이미지 잘림.

종이 재질 선택 실패

예를 들어 랑데뷰는 같은 중량이어도 스노우지보다 조금 더 두꺼운 느낌이며 표면에 질감이 느껴집니다. 직접 만져보고 선택하도록 합니다.

후가공 오더 실수

열 재단인데 타공이 되어 있거나, 단면인데 양면으로 되어 있거나.

이미지 깨짐

해상도가 낮은 이미지를 사용했거나 일러스트레이터에서 투명도나 모래 효과 등을 준 경우 인쇄 시 적용이 안 되거나 깨지는 경우가 종종 있습니다.

DPI 실수

설마 이런 실수를 할까 싶었는데, 실수를 하더군요. 기껏 다 만들어놓고 인쇄소에 넘기니 72dpi인 것입니다. 포토샵으로 만들 때 종종 정신없어서 하는 실순데… 다시 만들어야 합니다.

저작권 실수

오픈 소스라고 해도 활용 범위와 리이선스 확인은 필수입니다. 이건 그냥 실수에서 끝나는 게 아니라 심각한 문제로 번질 수 있죠. 주로 온라인 매체에서 많이 발생합니다.

디스플레이 차이 적용 안 됨

일반적으로 스마트폰에서 보는 이미지가 더 선명하고 채도, 대비가 높은 편입니다. 랩톱상에서는 오버레이시킨 이미지가 보였겠지만 모바일상에서는 전혀 안 보이는 경우도 있습니다.

수량 실수

음…. 남는 것은 본인이 집에 가져가 팔도록 해야죠.

제작 및 배송 일정 착각

퀵을 사용하면 서울·경기권은 몇 시간이면 다 도착하니 배송 일정 문제는 돈만 조금 나가면 되는 일입니다. 물론 본인 돈으로 지불해야겠지만요. 그러나 제작 일정은 기본적으로 염두에 두고 있어야 합니다. 하루면 나오는 인쇄물이 있는가 하면 후가공이 엄청 들어가서 3~4일이 걸리는 작업도 있습니다. 또한 종이 재질과 사이즈가 확정된 상태에서 오더를 보냅시다. 일단 인쇄소에서는 종이를 주문하고 판형을 제작하는데, 판형이 나오고 난 뒤에 수정을 하면 시간과 판형 제작비가 추가로 들어간다는 사실을 인지하고 있어야 해요.

파일 깨짐

하아…. 네 글자뿐인데 뭔가 강렬하게 소름이 돋네요. 중요한 작업 파일은 예비 파일을 항상 준비해놓으세요.

돈 주면서 맘까지 다치지 않으려면
: '나'를 위한 커뮤니케이션

디자이너와 클라이언트의 관계는 복합적입니다. 물론 금전적인 관계만 놓고 본다면 디자이너가 '을'의 위치에 있는 것이 확실하죠. 계약상에도 마찬가지입니다. 그러나 결과를 놓고 본다면 실질적인 손해는 클라이언트 쪽이 떠안을 위험이 훨씬 높습니다.

디자인은 한 번 생산되고 끝나는 일회성 물품이 아닙니다. 물론 이번에 인쇄한 것이 다 떨어지면 새로 만들 순 있겠지만 인쇄한 것이 수백, 수천 장에 달할 수도 있고, 이미 그것을 받아 본 사람들에게 생길 브랜드 이미지는 어떡하죠? 디자인물은 물적으로든 이미지로든 꽤나 오랜 기간 그 수명이 유지되는 특성을 지니고 있습니다. 꼴 보기 싫은 슬픈 디자인이 등장해도 마찬가지입니다. 당장 내 눈앞에 있는 저 흉물스러운 것을 내다 버릴 수도 있겠지만 버리고 다시 만드는 것도 결국 비용이 드는 일이 아니겠습니까.

  이처럼 디자이너와의 협업에 신경 써야 하는 이유는 비단 높은 비용을 지불하는 그 순간의 가치 때문만이 아닙니다. 오히려 그 후에도 한동안 영향력을 발휘한다는 점, 그 영향력이 작든 크든 브랜드에 영향을 미칠 수 있다는 점 때문이죠.

정확하고, 간결하고, 직관적으로

앞서 말했다시피 디자이너와의 협업에서 가장 문제가 되는 것은 역시 '커뮤니케이션'이고, 나의 생각을 말로 전달하는 과정에서 발생하는 크고 작은 오해와 착각들이 이를 예측할 수 없는 길로 인도하기도 했습니다. 우리는 여러 에피소드와 상황극을 통해 클라이언트와 디자이너 사이에서 생길 수 있는 갈등과 무안함을 알아보았습니다. 커뮤니케이션은 결국 잘 말하고 잘 들어야 하는 것이기에 문제의 책임을 한쪽에게 넘기기는 힘듭니다. 이러한 부분이 커뮤니케이션을 더욱 어렵게 만들죠. 차라리 '말하는 사람이 똑바로 말해야지!'라고 일축해버리면 한 사람만 죽도록 훈련시키면 될 일이지만 어디 현실이 그러합니까.

  흔히 소통의 핵심은 진정성과 이해, 공감 능력이라고 합니다. 틀린 말이 아니라고 생각합니다. 그러나 업무에서의 소통은 다른 요소들이 추가됩니다. 정확성, 간결성, 직관성이죠.

정확성: 누구나 알아들을 수 있는 쉬운 언어로
간결성: 아주 짧고 간결하게
직관성: 필요한 정보만 딱딱 짚어 전달하는

보편적인 상식을 지닌 성인이라면 누구나 같은 의미로 받아들일 수 있는 소위 '업무 표준어'를 사용하여 소통하는 것이 지름길입니다. 업무 표준어로 고치는 방법을 보여드리겠습니다.

"16일에 전달이 진행될 예정입니다."

진행이면 진행이고 예정이면 예정이지, 될지 안 될지 모르겠다고 한 발 빼고 있는 느낌이잖아요. 괜히 말만 길어집니다. 짧게 줄입시다.

"16일에 드리겠습니다."

"요청이 필요한 부분을 알려주시면 검토 후 피드백 드리겠습니다."

이 말은 이렇게 줄입시다.

"필요한 자료가 있으시면 말해주세요."

"코어 밸류가 좀 더 부각될 수 있는 방향이었으면 합니다."

이 말은 다음과 같은 뜻입니다.

"3페이지 회사 소개 파트에 컬러 좀 사용해주세요."

이런 식으로 쉽고 직관적으로 소통합시다. 한자와 영어는 꼭 필요하거나 한글로 대체하기 힘든 개념이 아니라면 가급적 지양하는 것을 추천합니다. 아쉽게도 디자이너는 나와 같은 계통의 사람이 아니며 내가 하는 말을 모두 이해하지 못합니다.

'밸류업 프로젝트에 진행될 사인물과 앱 소개 안내문 제작이 필요합니다'라고 하면 정작 디자이너는 밸류업 프로젝트가 뭔지, 무슨 행사이고 사인물은 뭐가 필요한 건지, 갑자기 앱은 뭔 소리인지 당최 이해할 수가 없습니다. 일하는 본인은 당연히 모든 맥락을 알고 있을 테니 이같이 말해도 척 하면 착 알아듣겠지만 이 회사 이름조차 처음 들어본 디자이너 입장에서는 길 가던 사람이 갑자기 내 소매를 붙잡고 말하는 느낌이겠죠.

"저희는 교통정보 앱을 다루는 업체입니다. 이번에 스타트업들이 모이는 '밸류업 프로젝트'라는 행사를 기획 중인데, 100명 정도가 모이는 소규모 파티 형식의 행사입니다. 본 행사에 쓰일 내부 안내 사인물(동선 안내, 각종 배너, 네임 태그 등)과 저희 회사를 홍보할 수 있는 소개 리플릿 한 종이 필요합니다."

이렇게 자세한 설명을 붙여서 한 번에 전달하면 듣는 사람도 맥락을 파악할 수 있지 않을까요. 소통은 감정의 교감과 더불어 정보의 교환 역할도 있습니다. 업무를 하면서 동병상련의 애석함과 위로를 나누는 것도 유익하겠지만, 일단 정보를 주고 나서 감정을 나누는 게 더 효과적일 것입니다. 정보를 줄 때는 '상대방은 날 처음 보는 사람이다'라는 생각을 항상 염두에 두어야 합니다.

커뮤니케이션은 나를 위한 것이다

디자이너는 끊임없이 성장하고 성찰해야 하는 존재이며 다양한 인사이트와 방식을 통해 문제를 해결하는 사람입니다. 클라이언트 또한 자신의 업을 오랜 시간과 시행착오, 갖은 노력을 통해 실현해나가며 해당 분야의 경험과 지식을 쌓아갑니다. 두 사람이 만났을 때 필요한 것은 기 싸움이 아닙니다. 서로에 대한 존중이죠. '어디 디자이너놈이 내가 하는 말에 이래라 저래라야' 해서도 안 되고, '아니 전문가님이 하시는 얘기라면 넙죽 다 받들어야지' 해서도 안 됩니다. 우리는 동등한 위치에서 서로 의견을 자유롭게 늘어놓을 수 있어야 합니다.

   이는 관계나 진정성, 도덕적인 이유 때문이 아닙니다. 돈이 걸려 있는 문제이기 때문이죠. 회사에선 시간과 스트레스도 비용입니다. 스트레스 받을 시간에 하나라도 더 좋은 방법들을 찾아내고 일을 진전시켜나가는 것이 좋죠. 괜히 몇 마디 말 때문에 안 받아도 될 스트레스를 받거나 자꾸 일이 꼬이는 것은 비효율적입니다.

우린 소개팅하려 만난 것이 아닙니다. 서로 수백, 수천만 원을 주고받는 계약관계죠. 만남부터 헤어짐까지가 하나의 프로젝트입니다. 일하는 과정에서 웃고 즐거우면 행운이겠지만 그런 경우는 흔치 않죠. 우리의 목표는 적어도 상처받지 않고 스트레스 최대한 덜 받으며 일을 끝내는 것입니다. 그러기 위해선 몇 가지의 노력이 필요하죠. 우리가 돈을 주는 입장임에도 불구하고 이런저런 신경을 쓰는 건 온전히 우리 자신을 위해서입니다.

디자인은 남의 일인가

조금 더 나아가 디자인 프로젝트는 실무자 입장에선 긴장도 되고, 소위 '짜치는' 일로 여겨질 수도 있습니다. 하지만 조금만 자기계발서스럽게 생각해볼게요. 윗사람의 욕망이든 여러분의 욕망이든 디자인은 생각을 현실로 만드는 역할을 합니다. 어차피 천년만년 회사에 몸담을 것도 아니고, 여러분의 상사를 비롯해 여러분까지 모두 다양한 자신만의 생존을 위해 독립해야 할 시기가 올 것입니다. 이때 여러분의 제품이나 앱, 서비스, 홈페이지, 하다못해 섬네일이라도, 여러분이 디자이너와 소통할 일은 앞으로 수없이 많을 것입니다. 디자이너와 말이 잘 통한다는 것, 말 통하는 디자이너를 만나는 것은 여러분의 인생에서 굉장한 자산을 얻은 것과 같답니다. 물론 그런 디자이너는 대부분 자기가 잘난 줄을 알기 때문에 비쌉니다. 하지만 돈을 빌려서라도 그와 일을 하고 싶을 겁니다. 직접 사업을 하거나 본격적으로 내 생계가 달린 일이라면 그때부터 디자인이 주는 파급력을 몸소 체감하게 되거든요. 적어도 일을 하는 데 있어서 디자이너는 여러분이 평생 친구로 가져가야 할 세 명 중 한 명이라고 할 수 있습니다(다른 한 명은 투자자이고, 나머지 한 명은 개발자입니다).

회사에서 일하는 것으로 소통 능력이 길러진다고 말하고 싶진 않습니다. 솔직히 말해서 길러지지 않는 것 같습니다. '빡치는' 건 그냥 빡치는 거죠. 하지만 적어도 사람을 보는 눈이 서서히 생기긴 합니다. 그리고 요령이 생기죠. 어떤 경우에 주로 당하는지, 믿고 걸러야 할 사람은 누군지 등등. 여러분이 커뮤니케이션에 신경 쓰는 건 상대방 기분 좋으라고 하는 것이 아닙니다. 일종의 실험을 하는 것이죠. 이렇게 말했을 때는 어떨까? 저렇게 말하면 어떨까? 그리고 그 실험 결과들은 여러분의 자산이 됩니다. 발전적인 결과든 참혹한 결과든 괜찮습니다. 모든 게 미지의 안개로 가득한 것보다는 말이죠. 우리는 말과 행동을 통해 무언가를 쌓아나갑니다. 커뮤니케이션은 스킬의 문제가 아니라 행동의 산물입니다. 그것은 곧 지혜가 되죠. 부디 이 책이 디자이너와 함께하는 여러분의 손과 입을 자유롭게 해 줄 수 있었으면 좋겠습니다.